QUE SAIS-JE ?

Les 100 mots de l'Italie

MICHEL FEUILLET

DU MÊME AUTEUR

Le Carnaval, Le Cerf, 1991.
Petite vie de François d'Assise (1992), Desclée De Brouwer, 2005, 7e éd.
Fra Angelico, le Maître de l'Annonciation (1994), Mame, 1996, 3e éd.
Au seuil de l'invisible, *Fra Angelico*, Mame, 1997.
Les Visages de François d'Assise, Desclée de Brouwer, 1997.
Vocabulaire du christianisme (2000), Puf, « Que sais-je ? », 2009, 3e éd.
Célébration de la Pauvreté. Regards sur François d'Assise, Albin Michel, 2000 (en collaboration avec Xavier Emmanuelli).
Beato Angelico, L'Annunciazione di San Giovanni Valdarno, Fiesole, Servizio Editoriale Fiesolano, 2000.
Le Cantique des créatures de François d'Assise, Albin Michel, 2001 (calligraphies de Frank Missant).
Lexique des symboles chrétiens (2004), Puf, « Que sais-je ? », 2009, 3e éd.
L'Annonciation sous le regard des peintres, Mame, 2004.
Représenter Dieu, Desclée de Brouwer, 2007.
L'art italien, Puf, « Que sais-je ? », 2009.
Botticelli et Savonarole, Le Cerf, 2010.

ISBN 978-2-13-061771-6
ISSN 0768-0066

Dépôt légal – 1re édition : 2013, septembre

6, avenue Reille, 75014 Paris

Introduction

L'ITALIE CONNUE ET INCONNUE L'ITALIE PROCHE ET LOINTAINE

Malgré une unification récente et en dépit de la relative petitesse de son territoire, l'Italie jouit d'un niveau de reconnaissance très fort dans l'imaginaire collectif en Europe et dans le monde entier. Ses frontières maritimes très nettes qui dessinent une botte au cœur de la Méditerranée, ses origines glorieuses au temps de l'Empire romain, les chefs-d'œuvre de ses artistes, de ses hommes de lettres et de ses musiciens, son art de vivre entre *Dolce Vita* et intrépidité sont autant de repères qui euphorisent une image riche, mais où abondent aussi les poncifs et les clichés péjoratifs. Tous ces stéréotypes fantasmatiques sont une marque d'intérêt, mais aussi témoignent d'une ignorance – tout au moins d'une méconnaissance.

Le présent ouvrage entend reprendre en 100 mots ces données souvent topiques pour les expliciter, les enrichir, mais aussi les corriger, afin d'offrir un vade-mecum pour ceux qui souhaitent franchir les Alpes et accéder à une citoyenneté d'honneur que les Italiens sont prêts à partager – encore faut-il connaître les clefs d'une telle démarche amicale.

Quand il est question d'Italie, ce sont les grands Italiens d'hier et d'aujourd'hui qui s'imposent par milliers. Ce foisonnement de personnalités et de génies est tel que, pour dédier 100 mots à l'Italie, il a été décidé d'écarter les noms propres au profit de 100 noms communs – notions, réalités objectives ou expressions – qui amèneront à découvrir les grands hommes qui ont fait et qui font ce pays, mais aussi ceux qui y vivent plus anonymement.

LISTE DES 100 MOTS

L'astérisque* placé à droite d'un mot dans le texte signifie que ce terme fait l'objet d'une entrée propre. Une flèche → permet également d'orienter le lecteur vers d'autres mots connexes.

Pour chaque personnalité citée sont indiquées entre parenthèses ses dates de naissance et de mort – ou sa seule date de naissance pour les contemporains. Lorsqu'un nom de personne a été francisé par la tradition, les nom et prénom italiens sont également précisés. Ces informations n'apparaissent que lors de la première occurrence.

ADAGIO, ALLEGRO, PIANO, PIANISSIMO, ETC.

La musique italienne a offert au monde entier un nombre important de mots qui figurent sur les partitions. Ces vocables italiens qualifient une mélodie et son rythme, mais plus généralement disent la nature, voire l'esprit d'une musique. Si l'on réalise que ces mots ne sont pas propres à la musique, on peut les redécouvrir afin de se constituer un bagage linguistique très intéressant – tout en nuances. Une manière d'entrer dans l'âme de la langue* italienne, voire dans l'âme de l'Italie.

Ce sont le plus souvent des adjectifs qualificatifs : *dolce* (« doux »), *eroico* (« héroïque »), *giocoso* (« gai, jovial »), *furioso* (« fou », « passionné »), *maestoso* (« majestueux »)… Le suffixe *-issimo* permet d'obtenir un superlatif : *pianissimo* (« très doucement »), *prestissimo* (« très rapide »), *fortissimo* (« très fort »)… Un *ma non troppo* ou un *ma non tanto* corrigent les excès : *allegro ma non troppo* (« joyeux mais pas trop »), *adagio ma non tanto* (« lent mais pas tant que cela »)… Un *poco* atténue également : *poco animato* (« peu animé »)… Attention, *assai* ne veut pas dire « assez », mais « beaucoup » ou « très » : *assai ritenuto* (« très retenu »)… Les gérondifs abondent pour dire une manière de faire : *calando* (« en diminuant »), *martellando* (« en martelant »), *smorzando* (« en atténuant »), *allargando* (« en élargissant »)… Le regroupement de deux adjectifs concilie souvent des contraires : *moderato cantabile* (« modéré chantant »). Un suffixe change tout : *larghetto* est moins lent et moins majestueux que *largo*…

Avec ces mots, toute une réalité morale, humaine, se dessine, avec ses facettes et ses contradictions – un monde tour à tour *vivace* (« vif »), *religioso* (« religieux »), *ostinato* (« obstiné »), *brioso* (« brillant »), *appassionato* (« passionné »)… Ne serait-ce pas un avant-goût de l'Italie ?

AMANTS

Les jeunes mariés vont à Venise pour y vivre un voyage de noces romantique*. Le gondolier, qui les emmène pour une promenade* inoubliable, les fait passer sous le pont des Soupirs – leur expliquant que les soupirs étaient ceux des condamnés traînés depuis le palais des Doges vers les prisons, où les attendait un avenir funeste. Les jeunes époux en ce lieu accomplissent également un rite de passage, mais vers un futur qu'ils souhaitent radieux.

À Vérone, au pied du célèbre balcon, des amants de Sydney, de Tokyo, de Barcelone ou d'ailleurs déclament le dialogue que Shakespeare (1564-1616) prête à Roméo et à Juliette : ils entendent sceller un amour plus fort que tout, capable de surmonter les interdits sociaux et les frontières de la mort.

Béatrice, Laure et Fiammetta, les dames aimées respectivement par Dante (Dante Alighieri, 1265-1321), Pétrarque (Francesco Petrarca, 1304-1374) et Boccace (Giovanni Boccaccio, 1313-1375), étaient des femmes* bien réelles. Mais seule l'écriture de leurs amants poètes a fait d'elles des anges descendus du ciel.

La littérature du *Risorgimento** a ses amants. Dans la Lombardie du XVIIe siècle, telle qu'elle est évoquée dans le roman *I Promessi Sposi (Les Fiancés)* d'Alessandro Manzoni (1785-1873), Renzo et Lucia voient leur mariage annulé par un seigneur espagnol malintentionné. Les jeunes gens sont contraints de se sauver, chacun partant de son côté vers des épreuves terribles. Une issue heureuse réunit enfin les amants pour des noces tant attendues. La destinée de ce couple modeste est la métaphore de l'Italie asservie et divisée, mais promise à une heureuse Unité.

À Florence, au milieu du Ponte Vecchio, les amants d'aujourd'hui – bravant l'interdiction municipale – accrochent des « cadenas d'amour » aux barrières qui protègent le buste de Benvenuto Cellini (1500-1571). Pour que leur amour soit éternel, ils jettent la clef dans l'eau de l'Arno… (→ *Bacio*).

Années de plomb

Pendant une vingtaine d'années – de 1969 à la fin des années 1980 –, l'Italie traverse une période lourde de tensions politiques et de violences.

La vague de contestation que connaît la France en mai 1968 se développe au-delà des Alpes dans les universités et les usines et concerne très vite toute la société. Des groupes marxistes-léninistes se lancent dans une lutte armée contre les symboles du pouvoir. Ces groupes, longtemps insaisissables, s'appellent *Brigate Rosse* (« Brigades rouges »), *Lotta Continua* (« Lutte continue »), *Prima Linea* (« Première Ligne »)… À ce terrorisme d'extrême gauche s'oppose celui d'extrême droite, néofasciste. Se succèdent attentats et assassinats. Le bilan est lourd. Parmi les violences accumulées, deux actes de barbarie restent gravés dans les mémoires. Le 12 décembre 1969, l'attentat de la piazza Fontana à Milan – imputé aux Brigades rouges – fait 17 morts et 88 blessés. Le 2 août 1980, l'attentat contre la gare de Bologne – perpétré par un groupe d'extrême droite – fait 85 morts et 200 blessés.

Craignant pour la démocratie, les communistes d'Enrico Berlinguer (1922-1984) et les démocrates-chrétiens d'Aldo Moro (1916-1978) signent un *Compromesso storico* (« Compromis historique »). L'enlèvement et l'assassinat de Moro par les Brigades rouges le 9 mai 1978 annoncent la fin de cet accord d'unité nationale.

Les décennies ont passé, et la menace des extrémismes armés s'est estompée en Italie, mais reste néanmoins présente dans le paysage politique mondial.

AUTODÉRISION

L'humour anglais, avec son fameux *understatement*, est une manière de jouer avec l'absurde en se décalant par rapport à la réalité. L'humour français a souvent une portée satyrique : on pense au trait voltairien qui entend stigmatiser quelque travers de l'homme en société. S'il existe un humour italien, il est fondé sur la dérision que l'on réserve d'abord à soi-même : les Italiens se plaisent à se moquer d'eux-mêmes et de leur propre pays – espérant certainement qu'ils seront les premiers et les seuls à le faire.

Cette autodérision ne va pas sans complaisance comme le montre la chanson *L'Italiano* (1983) de Toto Cutugno (né en 1943). Emporté par une rengaine euphorisante, le chanteur populaire déclare un beau matin sa fierté d'être italien : « *Lasciatemi cantare / perché ne sono fiero / sono un italiano / un italiano vero* » (« Laissez-moi chanter / car j'en suis fier / je suis un Italien / un véritable Italien »). Cette fierté se fonde sur de petits riens : le canari en cage sur le rebord de la fenêtre, les chaussettes neuves dans le tiroir de la commode, la Fiat 600 cabossée, le café* *ristretto*… La chanson « patriotique » assume, voire revendique, quelques clichés comme le costume sombre à rayures, la guitare à la main, les yeux mélancoliques, la prière du matin et le cœur toujours amoureux. Un patriotisme plus politique s'exprime aussi lorsque la chanson déplore que le drapeau tricolore* soit resté au pressing et que les publicités* fassent toujours plus référence à l'Amérique.

Sur la scène du Festival de San Remo de 2011, Roberto Begnini (né en 1952) est allé beaucoup plus loin. Cet artiste irrévérencieux, qui a systématiquement osé l'humour pour dire les choses les plus graves, a commenté puis chanté l'hymne national italien *Fratelli d'Italia** devant un public médusé. Loin de se moquer de l'emphase et de l'arrogance du chant guerrier, il l'a exacerbé, faisant de l'Italie le plus grand des pays du monde, et des Italiens les plus géniaux et les plus courageux des humains : une lecture éblouissante offerte selon la logique de l'autodérision, mais destinée à être reçue malgré tout au premier degré. Savoir se moquer de soi pour mieux exister, telle serait la démarche (→ Comédie à l'italienne).

L'Italia d'oro (1971) du plasticien Luciano Fabro (1936-2007), associé au mouvement *Arte povera* (« Art pauvre »), offre un autre jeu ambigu d'exaltation inversée. La « botte » italienne a bien été réalisée dans un beau métal doré, mais pour être aussitôt pendue à l'envers au-dessus du vide, accrochée à une simple corde qui serre le cou de la Calabre.

AUTOMOBILE

La passion de l'automobile habite les Italiens depuis longtemps. En 1909, le *Manifeste du futurisme** fonde ce culte de manière péremptoire : « Nous déclarons que la splendeur du monde s'est enrichie d'une beauté nouvelle : la beauté de la vitesse. Une automobile de course avec son coffre orné de gros tuyaux tels des serpents à l'haleine explosive... une automobile rugissante, qui a l'air de courir sur de la mitraille, est plus belle que la victoire de Samothrace. »

À l'étranger, l'image que l'on a du conducteur italien doit beaucoup au personnage interprété par Vittorio Gassman (1922-2000) dans le film *Il Sorpasso* (*Le Fanfaron*, 1962). Au volant de sa Lancia Aurelia B24 spider, le fanfaron multiplie les imprudences : ce ne sont qu'accélérations, dérapages, provocations, freinages brusques, coups de klaxon intempestifs... et dépassements hasardeux – *sorpasso* signifiant précisément « dépassement ».

Dans ce film, comme dans la réalité, on constate que la passion automobile est surtout masculine et que la voiture peut assumer la dimension d'un objet érotique, à l'égal d'une femme aimée. Dans sa nouvelle *Suicidio al parco* (*Suicide au parc*, 1966), Dino Buzzati (1906-1972) évoque ainsi la conduite d'une belle voiture : « Il étreignait voluptueusement le cercle du volant, il caressait le pulpeux levier de changement de vitesse, son pied sur l'accélérateur allait et venait avec la tendresse de celui qui effleure un corps aimé. Et la voiture, à chaque geste, palpitait de façon juvénile, glissait avec souplesse. [...] Il semblait que la machine s'abandonnait à la volonté de Stefano, interprétant et anticipant ses désirs secrets. »

Mais ce ne sont là que fantasmes et stéréotypes : la circulation automobile sur la *tangenziale* (« périphérique ») d'une grande ville italienne un lundi matin ordinaire est dépourvue de fantaisie et même de tout excès. Dans le flot de la circulation, les automobilistes font tout pour ne pas être mis à l'amende et surtout pour ne pas alourdir leur consommation de carburant (→ *Fiat lux et facta est lux*, Vespa).

Bacio

La styliste Luisa Spagnoli (1877-1935) et le magnat de l'agroalimentaire Giovanni Buitoni (1891-1979) étaient associés en affaires mais également proches dans la vie malgré les quatorze années qui les séparaient. En 1922, dans le cadre de l'entreprise Perugina, située à Pérouse (Perugia) comme son nom l'indique, les deux amis ont l'idée de valoriser les brisures de noisettes de leur usine en les enrobant dans une boule de chocolat fondant surmontée d'une noisette entière. Luisa, voyant la forme obtenue, un peu bosselée, lui donne le nom familier de *cazzotto* (« coup de poing »). Giovanni a une autre idée, plus romantique* : le chocolat s'appellera *bacio* (« baiser »). Il pense au célèbre tableau de Francesco Hayez (1791-1882), représentant un jouvenceau embrassant tendrement sa belle – image bientôt reprise, sous une forme stylisée, pour décorer les emballages bleus. Un ciel étoilé orne le papier d'argent qui enveloppe chaque *bacio*. Est glissé à l'intérieur un ruban de papier comportant un aphorisme sur le thème de l'amour, traduit en plusieurs langues. Sont ainsi convoqués Ovide, Cervantès, Shakespeare, La Fontaine, Proust… On apprend que Diderot a déclaré : « Quand on veut écrire des femmes, il faut tremper sa plume dans l'arc-en-ciel » (→ Amants).

Les *baci* de Perugina, très populaires, sont en vente dans tous les bars. Si l'on est en galante compagnie, on peut se hasarder à dire : *« Vuoi un bacio ? »* – ce qui ne signifie pas nécessairement « Tu veux un baiser ? »

Baroque

Le mot, d'origine portugaise, s'utilise d'abord pour qualifier une perle irrégulière, recherchée pour sa beauté insolite. Plus généralement, « baroque » désigne un art – d'abord architecture, sculpture et peinture, mais aussi poésie, théâtre* et musique – qui est né après le concile de Trente (1545-1563) dans la mouvance de la Contre-Réforme et qui s'est développé jusqu'au milieu du XVIIIe siècle. Le terme est donné *a posteriori* par ses détracteurs pour en dénoncer les excès. « Baroque » signifie alors « disgracieux et ampoulé ». Il faut attendre le XXe siècle pour que « baroque » devienne une appellation positive – après bien des réticences.

Accompagnant le renouveau postconciliaire de l'Église romaine, le baroque se veut militant – d'où son emphase. S'opposant à la rationalité protestante, le nouvel art flatte les sens et touche les cœurs. En architecture, les lignes régulières sont proscrites au profit de l'ellipse et de la volute. De courbes en contre-courbes, de pleins en creux, s'articulent des volumes fluides, sensuels. Les détails importent peu : seule compte la profusion des effets offerts dans leur immédiateté. Les gestes sont forts : des saints de marbre* pointent leur index vers le ciel, des saintes en pâmoison s'abandonnent à l'étreinte divine, des angelots virevoltent dans le ciel qui se déchire pour une irruption révélatrice. Du haut des tribunes, des chœurs rivalisent d'ardeur avec des harmonies inouïes.

Au XVIIe siècle, Rome, théâtre baroque, met en scène le triomphalisme catholique. Mais, dans le même temps, la nouvelle esthétique se fait profane et investit les palais, les places, les fontaines*, les jardins, les scènes des théâtres. Le baroque romain gagne l'Europe et l'Amérique latine. En Italie, Turin, malgré son urbanisme rigoureux, est la plus baroque des villes du Nord*. À l'autre extrémité du pays, dans les Pouilles, Lecce mérite le titre de « Florence baroque » et, en Sicile, Noto, Modica et Raguse dessinent un « triangle baroque ».

Le terme ne se limite pas à caractériser l'esthétique d'une époque : le baroque est aussi un état d'esprit où priment fantaisie et invention – vertus que l'on prête volontiers à l'Italie.

Bella ciao

En Italie, on dit volontiers *« Ciao ! »* pour signifier aussi bien « Bonjour ! » que « Au revoir ! » On réserve cette sympathique salutation à ses amis, à ses proches. L'origine du mot est plus cérémonieuse. *Ciao* vient du vénitien *sciavo* – *schiavo* en italien – qui signifie « esclave ». Disant ce mot, on se déclarait l'obligé de la personne saluée : « Je suis votre serviteur ! » Aujourd'hui, l'interjection est moins révérencieuse : on dit affectueusement à une amie ou à une jeune parente *« Ciao bella ! »* (→ Politesse.)

La chanson *Bella ciao*, si italienne, doit cependant sa mélodie au répertoire populaire juif de l'Europe de l'Est. Quant aux paroles, elles ont évolué selon les époques et les lieux.

Dans les rizières de la plaine du Pô, les *mondine* – ces saisonnières repiqueuses de riz – reprenaient en chœur ce chant de protestation, tout en travaillant les pieds dans l'eau, le dos brisé, accablées par la moiteur, dévorées par les moustiques et harcelées par le *capo* (« chef ») armé de son bâton. Le film néoréaliste *Riso amaro* (*Riz amer*, 1949) de Giuseppe De Santis (1917-1997) illustre le labeur de ces *mondine* et la choralité de leurs revendications.

Pendant la guerre, certains groupes de partisans, en lutte contre le fascisme*, ont repris *Bella ciao* en l'adaptant à leur lutte. C'est cette version qui est devenue à la Libération l'hymne de la Résistance (→ *Fratelli d'Italia*).

Voici quelques vers significatifs où se mêlent le tragique et l'idyllique :

E se io muoio da partigiano, / O bella ciao, bella ciao, bella ciao, ciao, ciao, / E se io muoio da partigiano, / Tu mi devi seppellir, / E seppellire sulla montagna, / O bella ciao, bella ciao, bella ciao, ciao, ciao, / E seppellire sulla montagna, / Sotto l'ombra di un bel fior. (« Et si je meurs en partisan / *Ô bella ciao, bella ciao, bella ciao, ciao, ciao*, / Et si je meurs en partisan, / Il faudra que tu m'enterres, / Que tu m'enterres sur la montagne, / *Ô bella ciao, bella ciao, bella ciao, ciao, ciao*, / Que tu m'enterres sur la montagne, / À l'ombre d'une belle fleur »).

BIANCO O ROSSO?

En Italie, la vigne prospère partout. Il n'est pas de région italienne sans grand vin. On distingue les vins DOC *(Denominazione di Origine Controllata)* et les vins DOCG *(Denominazione di Origine Controllata e Garantita)* plus rares et plus prestigieux. Comme en France, les terroirs sont variés, et l'on trouve tous les types de vin.

Voici une sélection de vins choisis ici ou là pour leur caractère et leur qualité.

À tout seigneur tout honneur : le barolo (DOCG), grand vin piémontais, qui était servi à la table des rois d'Italie. Structuré et complexe, le barolo est un vin massif à la robe rouge intense, concentré, très tannique, fruité avec une excellente longueur en bouche. Il est vieilli en fûts de trois à dix ans.

L'appellation *Cinque Terre* (« Cinq Villages ») correspond à un vignoble de la côte ligure directement exposé au sud face à la mer – planté sur des terrasses vertigineuses qui nécessitent des monte-charges à crémaillère pour les travailler. C'est un vin blanc au bouquet délicat. Son goût sec, forgé par les embruns, est agréable.

Le chianti a fait d'énormes progrès depuis plusieurs décennies, et des appellations prestigieuses émergent. C'est le cas du Brunello di Montalcino (DOCG), grand rouge toscan régulièrement primé au niveau mondial. Il a la finesse et l'austérité du chianti, mais il s'en démarque par des nuances exceptionnelles.

La vernaccia est un vin blanc toscan très ancien ; elle est citée à plusieurs reprises dans le *Décaméron* de Boccace. À chaque fois, il est question de plaisir partagé ou de facétie échafaudée par quelque gourmand. Produit sur le territoire de San Gimignano, c'est un vin paillé de couleur pâle, au parfum fin et pénétrant. Sec et équilibré au palais, il laisse un arrière-goût caractéristique légèrement amer.

« Est ! est !! est !!! » est le nom bien étrange d'un vin du nord du Latium. La légende raconte que Johannes Fugger (mort en 1113), un prélat allemand en route pour Rome, se faisait précéder par son écuyer Martin pour repérer les auberges où l'on servait du bon vin. Si tel était le cas, le serviteur écrivait sur le mur *« Est ! »* pour dire « *Vinum est bonum* ». Arrivé à Montefiascone, il trouva le vin si exceptionnel qu'il écrivit « *Est ! est !! est !!!* » Encore aujourd'hui, c'est un vin blanc fort savoureux.

Le Lacryma Christi del Vesuvio (Larme du Christ du Vésuve) est le plus connu et aussi le meilleur des vins napolitains. Dans *Graziella*, Lamartine (1790-1869) vante ses qualités – qui lui sont toujours reconnues. C'est un vin blanc sec à boire jeune, alliant rondeur et nervosité en bouche.

À l'extrémité orientale de la Sicile, Marsala – en arabe *Mars al-Allah*, le port de Dieu – exporte un vin mondialement connu. Il s'agit d'un vin liquoreux dit « muté », parce qu'obtenu grâce à un mélange de moût et de vin. Il se boit au moment du dessert.

Pour finir, comme dans la *Traviata* (1853) de Giuseppe Verdi (1813-1901), chantons *« Libiamo, libiamo nei lieti calici...* » (« Buvons, buvons aux coupes de joie… »).

BLUE-JEAN

La langue* italienne – à l'oral comme à l'écrit – est de plus en plus perméable à l'anglais avec l'adoption de mots tels que *privacy*, *computer*, *mouse*, *outlet*, *compilation*, *topless*, *password*, *casual*, *abstract*, etc. Plus généralement, l'*american way of life* a désormais conquis l'ensemble de la société italienne, même si cette adoption est souvent superficielle et se limite à des symboles. C'est ainsi que le *jean*, indifféremment porté par les garçons et les filles, assume un symbole d'aventure et de liberté attaché au mythe du Far West. Sans contester l'origine américaine du *jean*, il convient de rappeler que c'est le port de Gênes qui lui a donné son nom – précisément l'appellation anglophone de la ville : *Jeane*. À Londres, au XVIe siècle, un *merchant of Jeane* était tout à la fois un marchand venu de Gênes et un marchand de toile de *jean*. En effet, à cette époque, des toiles de coton, de couleur bleu indigo, extrêmement robustes, étaient produites dans la république ligure, pour vêtir les marins, mais aussi destinées à l'exportation. Des tableaux d'un peintre anonyme du XVIIe siècle montrent des scènes populaires où des personnages portent des vêtements en futaine bleue de Gênes. La critique du XXIe siècle a donné à cet artiste le nom de convention *Maestro della tela jeans* (« Maître de la toile de jean »).

CAFÉ

Le café est arrivé en Europe grâce aux Vénitiens qui l'ont importé d'Égypte pour la première fois vers 1600 – d'abord comme une plante médicinale qui, prise en décoction, a des propriétés tonifiantes. Pour le plaisir qu'il procure, le café devient progressivement la boisson emblématique de l'Italie. Cependant, les Italiens ne le considèrent pas vraiment comme une boisson. Il n'est pas question de se désaltérer : on boit un *caffè* comme un extrait rare, un élixir subtil. Quelques gorgées suffisent pour un instant de plaisir unique : la couleur brune et veloutée de l'écume, le saupoudrage du sucre, le tintement de la petite cuillère sur la soucoupe, la chaleur de la tasse épaisse au contact des lèvres, puis l'amertume mâtinée de douceur du noir breuvage, enfin les dernières gouttes, les plus subtiles.

En Italie, un rite est attaché à la dégustation du café – un rite individuel mais aussi collectif. Le matin, à la maison, c'est un café noir qui tient lieu de petit déjeuner : on le prépare dans l'indémodable Moka Express – cafetière à pression conçue en 1933 par Alfonso Bialetti (1888-1970) (→ Design). Arrivé près de son lieu de travail, on retrouve toujours les mêmes habitués au bar. On parle des dernières nouvelles : le sport, la politique… Au *barista*, qui se démène devant sa machine rutilante, chacun lance des recommandations : son *espresso*, on le veut *ristretto* (serré), *macchiato* (avec une goutte de lait), *corretto* (avec une goutte d'alcool)… Pour un ami étranger, on précise *lungo* (allongé), voire *americano* (très allongé). Le *cappuccino* ne se boit que le matin – et au bar – avec quelque pâtisserie. Sa réussite tient au savoir-faire du *barista* et à l'efficacité de sa machine à vapeur. Il existe plusieurs recettes – notamment avec ou sans poudre de cacao. Mais pour mériter son nom, il doit avoir la robe marron d'un *capucin* à la barbe blanche !

Le café a des vertus spirituelles et sociales. Le Milanais Pietro Verri (1728-1797) et ses amis philosophes l'avaient compris en appelant *Il Caffè* leur revue inspirée par les Lumières.

Cafés historiques

Tout café est historique, puisqu'il s'y passe tous les jours des histoires. Carlo Goldoni (1707-1793) l'a brillamment montré avec sa comédie *La bottega del caffè* (*Le Café*, 1750), où le tenancier Pandolfo noue et dénoue l'écheveau embrouillé d'affaires multiples qui se font et se défont sur le seuil de son modeste établissement (→ Théâtre).

Mais certains cafés ont eu également partie liée avec la grande histoire.

À Venise, sur la Piazza San Marco, deux cafés se font face, le *Florian* et le *Quadri*. Le premier fut fondé en 1720 par Floriano Francesconi ; le second en 1775 par Giorgio Quadri. Les petites salles du *Florian* présentent une décoration symbolique dans l'esprit des Lumières. Le *Quadri* est orné de peintures dans des tons pastel avec des scènes de la *Commedia* dell'arte* et du Carnaval*. Du temps de la Sérénissime, les bourgeois préféraient le *Quadri*, les aristocrates le *Florian*. Alors que se préparait le *Risorgimento**, l'occupant autrichien avait ses habitudes au *Quadri,* et les Vénitiens patriotes tenaient leurs réunions secrètes au *Florian*.

Plus tragiquement, le 8 février 1848, le *Caffè Pedrocchi* de Padoue fut le théâtre de l'assassinat d'un étudiant par l'armée autrichienne qui réprimait un soulèvement populaire dans toute la ville. Pourtant, ce café aurait dû rester, selon les intentions de son fondateur

Antonio Pedrocchi (1776-1852), un lieu d'accueil et un havre de paix pour les étudiants impécunieux comme pour les représentants de toute la société. Les différentes architectures et les salles à la décoration variée du *Pedrocchi* gardent aujourd'hui le souvenir des idées libérales qui ont inspiré sa fondation. Fidèle à cette tradition, en 2005, le café a accueilli l'homme de théâtre* – et éternel étudiant – Dario Fo (né en 1926, prix Nobel en 1997).

Turin se définit comme la ville des cafés. Beaucoup sont célèbres et s'enorgueillissent d'une clientèle « historique » : le *Mulassano*, le *Al Bicerin*, le *San Carlo*, le *Torino*, le *Baratti & Milano*, le *Piatti*…

À Rome, le *Caffè Greco* garde le souvenir de Goethe, Leopardi, Berlioz, Andersen, Wagner, De Chirico et même Buffalo Bill.

De café en café, on peut faire le tour de l'Italie. De grandes villes en petites villes, on arrive au *Caffè Meletti* d'Ascoli Piceno dans les Marches. Jean-Paul Sartre et Simone de Beauvoir, qui s'y sont arrêtés, ont-ils osé commander la spécialité, l'*anisetta con la mosca* (« anisette avec la mouche ») ? La *mosca* est en réalité un grain de café.

CALCIO IN COSTUME

Le mot *calcio*, qui signifie d'abord « coup de pied », désigne le sport le plus populaire en Italie, le football. Ses adeptes, en dehors de la pelouse, dans les tribunes ou devant les écrans de télévision, regroupés en clubs, sont dits *tifosi*, c'est-à-dire « malades atteints du typhus ». Il est vrai que la passion du *calcio* est telle que l'on peut se demander si les supporters italiens ne sont pas des malades – certainement autant que ceux d'autres pays comme l'Angleterre, la France ou le Brésil, mais pas moins.

Chaque année, les 24, 25 et 26 juin sur la place* Santa Croce à Florence, plus que des *tifosi*, ce sont des *arrabbiati* (« enragés ») qui assistent à une partie de *calcio in costume*, dit aussi *calcio storico fiorentino*, l'ancêtre du football moderne. Depuis 1930, la tradition virile de ces jeux de ballon, héritée du Moyen Âge et de la Renaissance*, a été reprise. On commémore particulièrement une partie restée célèbre, celle du Carnaval* de 1530 destinée à narguer les lansquenets de Charles-Quint (1500-1558) qui assiégeaient la cité. C'était une bravade républicaine à l'encontre de l'empereur et du pape Clément VII de Médicis (1478-1534). Aujourd'hui, la dimension libertaire s'exprime dans un tournoi opposant quatre équipes de 27 joueurs représentant les quartiers de Santo Spirito, Santa Croce, Santa Maria Novella et San Giovanni. L'affrontement est terrible. Le principe est celui du football : porter la balle dans le but adverse. Mais le jeu est très libre. Le ballon peut être frappé du pied, mais aussi saisi à la main. L'adversaire peut être empoigné sans ménagement. Mais, attention, jamais deux contre un. Le résultat est un pugilat sans nom. Des joueurs sont régulièrement évacués sur des civières. La foule des spectateurs en furie en vient aux mains. Au terme des cinquante minutes de la finale, l'équipe victorieuse reçoit en prime un *vitellone* (« veau gras ») de race *chianina* (« du Valdichiana ») – une invitation au banquet qui suit. Tous se réconcilient autour d'une *bistecca alla fiorentina* arrosée de *chianti* (→ *Palio*).

CARABINIER

Les carabiniers font partie de la vie italienne : présents sur tout le territoire, ils sont en contact régulier avec la population pour sa sécurité. Ils sont présents sur les routes prêts à arrêter et verbaliser les contrevenants au Code de la route. Dans leurs bureaux, ils reçoivent les victimes de délits divers. Les carabiniers, jouissant d'un statut de force armée à part entière, sont amenés à intervenir dans des opérations d'envergure – notamment dans la lutte contre la mafia*.

Malgré leur implication et leur dévouement, les carabiniers ne sont pas pour autant épargnés par l'ironie populaire qui en fait l'objet de ses railleries. Le carabinier incarne le comble de la bêtise – du moins dans les innombrables *barzellette* (« blagues ») que l'on s'échange volontiers. En voici un exemple – plutôt gentil :

Un carabinier et sa femme décident d'adopter un enfant.

Ils se rendent au Cambodge où leur est confié un petit Cambodgien de quelques mois. De retour en Italie, ils se rendent à Naples où se trouve l'*Istituto di Lingue Orientali* (Institut de langues orientales) et demandent au directeur de pouvoir suivre les cours de langue khmère. « Pourquoi donc ? » interroge le directeur.

Le carabinier répond : « Nous avons adopté un petit Cambodgien. D'ici peu, il commencera à parler et nous voudrions comprendre ce qu'il dit ! »

CARNAVAL

Trouvant ses sources dans la nuit des temps, le Carnaval n'en est pas moins une fête chrétienne, même si sa présence dans le calendrier liturgique est officieuse, pour ne pas dire clandestine. Régulièrement condamné comme une réminiscence païenne des Bacchanales ou des Saturnales, jugé comme une manifestation débridée du vice, le Carnaval est malgré tout l'antichambre du pieux carême – et son exacte antithèse. Pendant les jours gras, on dit au revoir à la viande : *Carne vale !* On fait bombance avant les privations quadragésimales.

Pendant des siècles, le Carnaval de Rome fut le plus débridé, avec la participation du pape qui se pliait à ce rite sacrilège devant une assemblée démoniaque.

Aujourd'hui, le Carnaval reste très vivant en Italie avec des traditions très variées – chaque communauté mettant en scène sa propre histoire et ritualisant ses aspirations.

Le Carnaval de Viareggio se veut spectaculaire et satyrique avec ses défilés de chars allégoriques : sous une pluie de confettis et de serpentins, au son des fanfares, avancent les caricatures en carton-pâte des « monstres » de la politique, du sport ou de la télévision.

Au cœur de la Sardaigne, à Mamoiada, le cérémonial est tout autre. Lorsque tombe la nuit font irruption les *mamuthones*. Vêtus de peaux de bêtes, bardés de cloches sonores et portant un terrible masque de bois noir, ces êtres sauvages incarnent les peurs ancestrales de la société pastorale. Les accompagnent les *issohadores*, habillés à la turque, le visage caché par un masque blanc, qui sont censés maîtriser les monstres grossiers avec leur lasso. Tout un rituel propitiatoire se répète en cette fin d'hiver pour exorciser les maléfices, susciter le réveil de la nature et assurer la fécondité de la communauté.

Dans un registre plus urbain et plus touristique, Venise focalise tous les rêves carnavalesques. Du monde entier, on vient se travestir et se pavaner dans un décor unique. Grâce à la magie du masque et du costume s'opère une *catharsis* salutaire. Les normes de la vie ordinaire sont oubliées pour permettre une renaissance* sous une identité glorieuse, insolite ou poétique (→ *Commedia dell'arte*).

Catastrophes naturelles

Un jour d'août 79 apr. J.-C., la ville de Pompéi fut soudainement enfouie sous une énorme couche de cendres incandescentes crachées par le Vésuve. Herculanum fut également dévastée, engloutie par un torrent de boue. Des milliers de personnes périrent ensevelies, asphyxiées ou noyées, surprises par la soudaineté d'événements que rien ne laissait présager : les pentes de la montagne, dont on ne pensait pas qu'elle était un volcan, étaient verdoyantes, couvertes de bois et de cultures. Le Vésuve, volcan de type explosif, venait d'entrer en éruption, projetant vers le ciel d'innombrables matériaux gazeux, liquides ou solides provoquant un orage meurtrier.

Au cours des siècles, le Vésuve est entré régulièrement en éruption. La date de 1631 marque le début d'une série de violentes explosions. La dernière est celle de 1944. Depuis, le volcan est en sommeil. Aujourd'hui, une éruption serait plus que jamais une catastrophe, car l'urbanisation s'est développée de façon insensée, et des centaines de milliers de personnes vivent dans la zone à risque.

L'Etna en Sicile est également dévastateur, mais d'une autre manière : il est de type effusif. Des fleuves de lave coulent régulièrement de ses flancs. La ville de Catane a été détruite à plusieurs reprises – particulièrement en 1669. Presque chaque année, des éruptions dévastent des zones habitées. Les dommages sont uniquement matériels car l'avancée de la lave est relativement lente à moyenne altitude – mais inexorable.

Le volcanisme actif va de pair avec une forte activité sismique. Aucune région n'est épargnée par les tremblements de terre. En tout point du territoire, les sismographes enregistrent régulièrement des secousses – souvent perceptibles par les populations. Les séismes meurtriers les plus récents ont affecté des territoires très éloignés : le Frioul dans l'extrême Nord-Est en mai 1976 (989 morts, 2 400 blessés), la Basilicate et la Campanie au sud de la Péninsule en novembre 1980 (2 735 morts, 8 850 blessés), l'Ombrie dans le Centre en septembre 1997 (12 morts, 133 blessés), les Abruzzes un peu plus au sud en avril 2009 (308 morts, 1 500 blessés), l'Émilie-Romagne dans le Nord* en mai 2012 (17 morts, 350 blessés). Les normes sismiques de construction pour les bâtiments modernes permettent de limiter les dommages aux biens et aux personnes, mais l'habitat ancien et les monuments ne peuvent absorber les secousses les plus importantes.

Le climat italien, dont les cartes postales donnent une image azuréenne, connaît régulièrement des périodes de pluies diluviennes qui entraînent des inondations destructrices. L'*alluvione* (« inondation ») qui a submergé Florence le 4 novembre 1966 a causé des dommages culturels irréparables. Plus récemment, les Cinque Terre en Ligurie ont été dévastées par des trombes d'eau, le 25 octobre 2011 (→ Guerres d'Italie, Sauvetages).

Code fiscal

Si l'on ne connaît pas son *codice fiscale*, il est impossible de vivre en Italie. Pour un séjour touristique, on peut s'en passer. Mais dès que l'on a une activité – même en tant qu'étranger –, il faut s'enquérir de ce code magique. Les Italiens l'ont dès la naissance : dès leur premier souffle, ils sont répertoriés comme des contribuables en puissance – et peut-être comme des candidats à l'évasion fiscale. La carte magnétique qui le comporte sert pour tout, notamment comme carte de santé. Si l'on veut louer un appartement, solliciter un poste de travail, s'adresser à une administration, accéder à un soin médical, ouvrir un compte en banque et évidemment payer des impôts, ce code vous servira de clef indispensable. La *guardia di finanza* (« police des impôts et des douanes ») pourra vous arrêter sur la route, et la première chose demandée sera ce précieux sésame.

Les 16 chiffres et lettres du code fiscal italien intègrent un certain nombre de données : vos nom et prénom, vos date et lieu de naissance. C'est ainsi que M. Jean-Charles Dupont, né en France le 30 juillet 1969 aura pour *codice fiscale* DPN JCH 69L30 Z110 S. La lettre finale, qui sert de contrôle d'authenticité, est le résultat d'un savant calcul dérivant de la conversion des 15 autres nombres ou lettres. Riche de ce matricule, on peut entrer de plain-pied dans le labyrinthe économico-administratif italien. Le risque de s'y perdre n'en est pas pour autant écarté (→ Économie souterraine).

COMBINAZIONE

« Avec les Italiens, c'est *combinazione* et compagnie ». S'exprimant ainsi, on dénonce – selon un cliché péjoratif – la facilité qu'auraient les Italiens à échafauder des imbroglios ou à concevoir des arrangements avec la légalité ou la vérité. Les Italiens auraient hérité la rouerie des serviteurs de la *Commedia* dell'arte*, Arlequin en tête.

Au-delà du débat sur l'exactitude de ce stéréotype, on peut faire remarquer que le mot *combinazione* en italien n'a *a priori* rien de péjoratif. Son sens véritable est « hasard », voire « heureux hasard ». « *Guarda, che combinazione !* » signifie « Tiens, quelle coïncidence ! » Ce qui semble combine et manigance pour les uns est simplement une solution bienvenue pour les autres (→ Ritals, Macaronis, *Wops*).

COMÉDIE À L'ITALIENNE

Le cinéma néoréaliste de l'après-guerre, dramatique et émouvant, devient au fil des ans une « manière » avec ses clichés : intérieurs lépreux, linge étendu aux fenêtres, enfants en pleurs, voisines se querellant, chômeurs quémandant à la soupe populaire… (→ Néoréalisme). Avec le « Miracle* » des années 1960 et l'émergence d'un public petit-bourgeois avide de plaisirs, la comédie reprend ses droits. Mais très vite, cette comédie se retourne contre cette nouvelle société, dénonçant son égoïsme et sa bêtise.

L'appellation « Comédie à l'italienne » apparaît pour la première fois en 1961 lors de la sortie de *Divorzio all'italiana (Divorce à l'italienne)* de Pietro Germi (1914-1974). Le film s'empare d'une réalité sociale brûlante, celle de la légalisation du divorce refusée par les uns et réclamée par d'autres. Germi entre dans le débat d'idées de manière détournée, par le biais de l'humour, fait de cynisme et de drôlerie.

Le film à sketchs *I Mostri* (*Les Monstres*, 1962) de Dino Risi (1916-2008) est la quintessence de cette *Commedia all'italiana*. Dans le très bref sketch précisément intitulé *Il Mostro*, Vittorio Gassman et Ugo Tognazzi (1922-1990) interprètent deux policiers grimaçants, strabiques et édentés, qui posent pour le photographe avec complaisance, tenant prisonnier un tueur en série à l'aspect inoffensif. Le monstre n'est pas celui qu'on croit.

Il maestro di Vigevano (*L'Instituteur de Vigevano*, 1963), réalisé par Elio Petri (1929-1982), propose un autre exemple de comique engagé. La satire douce-amère évoque le choc entre deux mondes, celui démodé de l'école et du savoir et celui émergent de l'entreprise et du profit.

En 1975, avec *Amici miei (Mes chers amis)*, Mario Monicelli (1915-2010), reprenant une idée de

Pietro Germi, semble clôturer la saison de la comédie à l'italienne. Il met en scène cinq quadragénaires qui trouvent dans le rituel de la *beffa* (farce, plaisanterie) un exutoire à la grisaille de la vie – celle des « Années* de plomb » dans lesquelles l'Italie est entrée (→ Autodérision).

COMMEDIA DELL'ARTE

Jouée sur les planches avec ses personnages hauts en couleur, la *Commedia dell'arte* apparaît encore aujourd'hui aux yeux des étrangers amusés comme une métaphore de la société italienne : de pantalonnades en pirouettes, au son de la mandoline ou sous les coups de bâton, Arlequin, Pantalon, Polichinelle, Isabelle, Colombine, le Capitaine, le Docteur, Pierrot et bien d'autres « masques » ont fait le tour du monde. Ces saltimbanques italiens ont mimé leur identité nationale – ou régionale – en la stylisant, en la caricaturant ; ils l'ont livrée ainsi à l'imaginaire européen. Sous une forme grimaçante et hurlante, en multipliant les bouffonneries, ils ont donné à rire de leur nation multiforme. Préférant susciter eux-mêmes les railleries pour les transmuer aussitôt en hilarité bienveillante, les *commedianti* ont progressivement fixé des stéréotypes qui composent une famille où se croisent les contradictions de la Péninsule : Pantalon est le marchand vénitien avare ; Polichinelle est le Napolitain paresseux, affamé et éperdument amoureux ; le Docteur est le diplômé pédant de l'université de Bologne – chaque ville ayant son masque. Même si depuis le XVIIIe siècle la *Commedia dell'arte* a cessé d'évoluer et de puiser dans la société de nouveaux modèles, elle conserve sa valeur symbolique : les Européens y reconnaissent complaisamment l'Italie, et les Italiens se prêtent au jeu d'un exhibitionnisme burlesque, continuant à jouer pour la galerie au *primo amoroso* ou à l'*imbroglione* (→ Autodérision, *Combinazione*).

Pourquoi donc cette *Commedia* est-elle dite *dell'arte* ? Le mot *arte* doit être pris dans son sens premier de « métier ». En effet, ce qui a caractérisé ce théâtre* à sa naissance, à la fin du XVIe siècle, c'est son caractère nouvellement professionnel. Jusqu'alors condamnés à la clandestinité par les foudres ecclésiastiques, les saltimbanques pouvaient enfin s'établir de manière plus stable et constituer une corporation, certes encore officieuse, mais reconnue comme telle par les spectateurs qui, toujours plus nombreux, applaudissaient ouvertement sur les places publiques à l'occasion du Carnaval*.

Improvisation et professionnalisme coexistent dans la *Commedia dell'arte*. Les acteurs, sous la direction du *capocomico*, disposaient d'un canevas qui indiquait le contenu des scènes à jouer : le *scenario* était cloué dans les coulisses et les *commedianti* pouvaient courir s'y référer en cas de trou de mémoire. Les répliques étaient brillantes, le jeu rapide, endiablé, les effets faciles, volontiers vulgaires... Mais pour se garantir de tout faux pas, les acteurs connaissaient par cœur des tirades, des dialogues correspondant à telle ou telle situation : la jalousie, le dépit, la surdité, l'avarice, la coquetterie... Si la *Commedia dell'arte* est bien la métaphore d'une Italie toujours vivante, c'est dans cette manière de faire croire à l'improvisation, alors que tout est préparé en coulisse. Les petits et grands chevaliers de l'industrie italienne d'aujourd'hui se sont rendu maîtres dans cet art unique fait de rigueur et de fantaisie – leur seule arme face à la crise*.

COMMENDATORE, CAVALIERE, DOTTORE, PROFESSORE, AVVOCATO...

En France, seuls les médecins et les hommes de loi sont appelés par le titre correspondant à leur statut professionnel : « docteur », « maître ». En Italie, cet usage est beaucoup plus répandu. On donne du *Dottore* à toute personne qui a suivi des études universitaires jusqu'à la *Laurea* (« maîtrise, master »), quelle que soit sa spécialité. *Avvocato* n'est pas réservé aux seuls avocats, mais convient à tout juriste. Les élèves et les étudiants s'adressent à leur maître sans oublier le vocatif *Professore*. Ces titres sont distribués avec générosité. Le patron d'une petite entreprise sera appelé *Ingegnere*. Le responsable d'une agence bancaire est honoré d'un *Direttore* en toute circonstance, même en dehors de ses fonctions : on reste *Direttore* même chez l'épicier. Une décoration fait de vous un *Cavaliere*. Les féminins existent : *Professoressa*, *Dottoressa*… (→ *Don*, Politesse).

Ces titres sont souvent galvaudés, mais ils peuvent aussi qualifier des personnalités d'exception : ils sont alors précédés de l'article défini. Gianni Agnelli (1921-2003), le grand industriel à la tête du groupe Fiat, était surnommé *l'Avvocato*. Enzo Ferrari (1898-1988), l'autre grande personnalité de la construction automobile*, était appelé *il Commendatore*. Pour désigner l'homme d'affaires et l'homme politique Silvio Berlusconi (né en 1936), on dit *il Cavaliere*. *L'Ingegnere*, c'est le chef d'entreprise Carlo De Benedetti (né en 1934). Mario Monti (né en 1943), universitaire devenu président du Conseil en novembre 2011, est *il Professore*.

Condottiere

Au Moyen Âge et à la Renaissance*, un *condottiero* est un chef de guerre à la tête d'une *compagnia di ventura*, qui offre ses services au pape ou à l'empereur, mais aussi aux communes, aux seigneurs. C'est un mercenaire. Une *condotta*, c'est-à-dire un contrat, le lie à son commanditaire. En cas de victoire, il exige une juste récompense et jouit d'un prestige qui lui permet ultérieurement de proposer ses services au plus offrant.

Les artistes ont laissé des images superbes de ces *condottieri*. Une fresque du Palazzo Pubblico de Sienne, attribuée à Simone Martini (1284-1344), présente un étonnant portrait équestre de Guidoriccio da Fogliano (1290-1352). Le peintre a drapé le condottiere et son destrier dans un même tissu à losanges jaune et noir, qui virevolte sous l'effet du vent de la course. L'ensemble suggère puissance et majesté, afin de célébrer dignement la victoire que l'aventurier a remportée sur les ennemis de Sienne. En 1328, au moment de peindre la fresque commémorative, personne n'imaginait que Guidoriccio passerait dès 1333 au service de Florence, l'ennemie de toujours.

À Venise, sur la place* de l'église Santi Giovanni e Paolo (*Zanipolo* en vénitien), se dresse la statue équestre de Bartolomeo Colleoni (v. 1400-1475), œuvre du sculpteur florentin Andrea del Verrocchio (1435-1488). L'homme est farouche, le cheval fougueux, impressionnant. Le condottiere, qui a régulièrement mené la *Serenissima* à la victoire, a légué sa fortune pour qu'une telle statue soit érigée, mais précisément place Saint-Marc. La République* ne peut accepter cette exigence de la part d'un étranger, même s'il s'agit d'un serviteur valeureux et fidèle. Les juristes trouvent une solution : la statue se dressera non pas devant la *Basilica di San Marco*, mais près de la *Scuola di San Marco* plus excentrée. Ces tractations *post mortem* du condottiere avec ses commanditaires donnent l'idée du pouvoir et des égards dont jouissaient ces chefs de guerre – mais qui avaient des limites.

Les nouveaux *condottieri* sont ces chevaliers d'industrie – *commendatori*, *cavalieri* – qui défraient la chronique, certes avec leurs succès fulgurants, mais aussi avec les frasques qui émaillent leur vie privée ou les scandales financiers dans lesquels ils se trouvent impliqués. Calisto Tanzi (né en 1938), le flamboyant fondateur de la société Parmalat (1961), a ainsi connu des heures de gloire. Mais, en 2003, il a été arrêté pour avoir entraîné son empire dans une banqueroute abyssale.

CRISE

L'Italie, comme une bonne partie de l'Europe, est un pays en crise. Les données de 2012 sont alarmantes : la dette publique s'élève à 125,3 % du produit intérieur brut, soit près de 1 950 milliards d'euros ; 10,2 % de la population active est au chômage, dont 32 % de moins de 25 ans. Dans les rues de Milan, Turin, Rome ou Naples, des magasins ferment. Dans les zones industrielles, des usines et des hangars sont à vendre ou à louer. La production et la consommation baissent. Le prix de l'essence atteint un de ses plus hauts niveaux. L'inquiétude est présente dans les conversations ; la prudence et l'attentisme l'emportent dans les comportements. Les Italiens ne sont pas résignés pour autant, car ils ont connu d'autres crises depuis le fameux « Miracle* » de l'après-guerre, qui furent économiques, politiques et sociales : pénurie énergétique, inflation, grèves à répétition, attentats mafieux, terrorisme idéologique, instabilité gouvernementale, scandales financiers, évasion fiscale, chômage, délocalisation, etc. La Péninsule a subi, de l'extérieur comme de l'intérieur, des épreuves de tous ordres, qu'il a fallu à chaque fois surmonter. Non que la crise convienne à l'Italie, mais sa combativité et sa réactivité font que son économie se reprend régulièrement pour des embellies, voire de longues périodes d'expansion.

Des voix exhortent au sursaut. C'est le cas de Federico Grom (né en 1973) qui, avec Guido Martinetti (né en 1975), a fait fortune dans le *slow food* – opposé au *fast food* (30 millions d'euros de chiffre d'affaires en 2012 contre 250 000 euros dix ans plus tôt). L'homme d'affaires déclare : « L'Italie est un des plus beaux pays du monde, elle offre encore de grandes opportunités et est riche en talents. »

DANTESQUE, MACHIAVÉLIQUE ET FELLINIEN

Dans l'usage commun, certains adjectifs formés sur des noms d'hommes célèbres cessent parfois de rendre compte avec fidélité d'une œuvre ou d'une destinée, prenant un sens souvent éloigné, partiel ou caricatural.

On dit aujourd'hui, d'un spectacle effroyable, terrifiant – comme une nuit d'orage ou une tempête déchaînée – qu'il est « dantesque ». On se réfère ainsi à la *terribilità* de l'*Enfer* de Dante Alighieri où se succèdent paysages sombres, gouffres vertigineux, plateaux arides, lieux de tourments horribles, infligés aux âmes pécheresses par des êtres monstrueux. En cela l'*Enfer* est dantesque. Mais c'est oublier de nombreux chants où la tonalité est tout autre. Dans le célèbre épisode où Francesca da Rimini est emportée par le vent de l'amour, Dante donne au désespoir la douceur grave de l'élégie. La poésie de Dante est caractérisée par la variété. D'autre part, il ne faut pas oublier que la *Divine Comédie* ne se compose pas du seul *Enfer* : le poète nous emmène dans les deux autres royaumes de l'au-delà, qui constituent les deux autres tiers du gigantesque poème, le *Purgatoire* et le *Paradis*. Et là encore, les colorations changent et alternent : la ferveur, le pittoresque, le tragique, le savant, l'indicible… et parfois le dantesque.

« Machiavélique » – selon l'acception courante – se dit d'une personne qui agit sans scrupule et qui, pour arriver à ses fins, recourt avec cynisme à toute sorte de moyens. Dans son traité *De principatibus (Le Prince)*, Machiavel (Niccolò Machiavelli, 1469-1527) donne bien des conseils dénués de morale à un jeune prince pour lui permettre d'accéder au pouvoir avec efficacité. Mais la lecture du livre montre clairement que la pensée du Florentin va plus loin. Machiavel invente la science politique moderne ; il la libère de toute référence transcendantale. Il invite à adapter son action à « la qualité des temps » – ce qui suppose une analyse objective du présent à la lumière du passé. Il existe une interprétation du *Prince* qui ferait même de l'opuscule un bréviaire de la démocratie ! Le penseur, sous couvert de conseiller un prince avide de pouvoir, mettrait en évidence les rouages de la tyrannie, et ceci à l'usage du peuple. Si cette lecture était celle voulue par l'auteur, Machiavel serait encore plus machiavélique que l'on croit.

Lorsque l'on parle d'une beauté fellinienne, on pense à une femme aux formes avantageuses, au maquillage outrancier et à la mise racoleuse. L'œuvre cinématographique de Federico Fellini (1920-1993) met en scène, il est vrai, des types humains hauts en couleur. Dans *Amarcord* (1973), le personnage de Gradisca, objet des fantasmes de toute une ville, rentrerait dans la catégorie « beauté fellinienne ». Mais Fellini brouille les pistes et fait de cette femme un être fragile et attachant : la tendresse l'emporte sur le baroque*.

DESIGN

Avant d'adopter le mot anglais *design*, les Italiens avaient recours à l'expression *arte industriale* qui donne l'idée d'une démarche globale : la création artistique et la production en série, loin d'être contradictoires, forment un tout cohérent. Selon cette conception, le designer n'est pas celui qui donne *a posteriori* un aspect agréable à un produit déjà conçu : il est présent dès le lancement du projet. Il en est le maître d'œuvre. Dans l'esprit du design italien, fonctionnalité et esthétique ne font qu'un.

Depuis l'après-guerre s'échelonnent des créations *made in Italy* qui sont autant d'objets considérés comme des icônes de notre temps :

– la sémillante Vespa* (1946) de Corradino D'Ascanio (1891-1981) ;
– le sac Bamboo (1947) de Guccio Gucci (1881-1953), porté par Grace Kelly, Liz Taylor et Jacqueline Kennedy ;
– la première machine à écrire portable Olivetti Lettera *22* (1950) de Marcello Nizzoli (1887-1969) ;
– la lampe Pipistrello (Chauve-souris) tout en rondeur (1966) de Gae Aulenti (1927-2012) ;
– la transparente chaise Plia (1969) de Giancarlo Piretti (né en 1940), qui s'ouvre et se referme comme un livre ;
– la Ferrari Dino 246 GT (1969) dessinée par Sergio Pininfarina (1926-2012), rouge évidemment ;
– la lampe de bureau équilibriste Tizio (1970) de Richard Sapper (né en 1932) pour Artemide ;
– le sympathique couple de tire-bouchons Anna G (1994) et Alessandro M (2003) d'Alessandro Mendini (né en 1931) pour Alessi.

Alberto Alessi (né en 1946) écrit que la mission d'une entreprise comme celle qui porte le nom de sa famille est de « créer de nouveaux objets porteurs d'un brin de transcendance et sachant nous aider à interpréter notre modernité ».

Dialectes

Le pluriel s'impose. La carte des dialectes dressée par les linguistes montre une Italie morcelée. Chaque région a sa langue parlée, souvent avec des variantes locales marquées. Par exemple, la langue ligure comporte des subdivisions : le *genovese* (dialecte de Gênes) n'est pas le *savonese* (dialecte de Savone). Mais, dès que l'on quitte la Riviera et que l'on franchit le col de Cadibona, on rencontre d'autres parlers, comme le *carcarese*, le dialecte de la petite ville de Carcare.

Il s'agit bien de parlers, car un dialecte par définition n'est pas écrit. S'il l'est parfois aujourd'hui, c'est le fruit d'une mesure conservatoire.

Au moment de l'Unité italienne (1862), seulement un Italien sur dix était italophone. Les autres Italiens parlaient exclusivement le dialecte. L'analphabétisme empêchait l'accès à la langue nationale écrite. Tout au plus comprenait-on l'italien oral – sans toutefois le parler.

Aujourd'hui, la généralisation de l'enseignement et la diffusion des moyens de communication de masse ont réduit le nombre des dialectophones exclusifs, qui représentent encore 7 % de la population. Les Italiens âgés, de tous milieux, sont souvent bilingues : beaucoup ont eu pour langue maternelle le dialecte et ont appris l'italien à l'école.

L'usage du dialecte a nettement régressé. Mais, dans le même temps, il n'est plus une marque d'infériorité socioculturelle. Dans les régions* où il s'est le plus maintenu, comme par exemple en Vénétie ou en Sardaigne, il n'est pas exclu que deux professeurs heureux de se retrouver parlent en dialecte dans les couloirs du lycée, alors que leur enseignement quelques minutes plus tôt était dispensé en langue italienne. Parler un dialecte relève alors d'un choix conscient. C'est la langue du cœur. Certaines facéties ne peuvent se dire que dans la langue de la *Mamma**.

DIX-SEPT

Si en France et dans les pays anglo-saxons le nombre treize est considéré comme funeste, en Italie c'est au dix-sept que l'on attribue cette faculté de porter malheur. Dans la vie quotidienne, on procède à un certain nombre de stratégies d'évitement du dix-sept. À titre d'exemple, une voiture de course n'arbore jamais ce nombre en compétition. Le vendredi 17 est jugé néfaste – ou faste selon un jeu d'inversion propre à la superstition. Pour la phobie du vendredi, l'explication est simple : il s'agit du jour anniversaire de la mort du Christ. Mais pour le nombre dix-sept, l'explication est incertaine. On avance que les tombes romaines portaient l'inscription VIXI, c'est-à-dire « J'ai vécu ». Or, dix-sept en chiffres romains s'écrit XVII, soit l'anagramme de VIXI : ce serait ainsi un signe crypté de mort.

DOLCE VITA

L'expression est magique. Elle évoque aussitôt une Italie de rêve : la terrasse d'un café* élégant et animé donnant sur la Via Veneto à Rome, une voiture décapotable avec à son bord une jeunesse exubérante, des mots d'amour prononcés avec passion par un *latin lover*, une nuit de fête ininterrompue, un art de vivre fait de plaisir et de beauté… Et pourtant, avec *La Dolce Vita* (1960) Federico Fellini a signé un film où l'amertume et le désenchantement l'emportent le plus souvent sur la légèreté et l'insouciance.

Au-delà des Alpes, c'est le côté solaire des Italiens qui est majoritairement retenu : on croit volontiers en une douceur de vivre à l'italienne vécue au quotidien avec joie et optimisme. Le poète éclectique Jean Cocteau (1889-1963) disait cette facétie : « Un Français, c'est un Italien de mauvaise humeur. » Avec passion, Nicole Croisille (née en 1936) chante « Toi, tu es gai comme un Italien quand il sait qu'il aura de l'amour et du vin » (*Une femme avec toi*, 1975). La publicité s'est emparée de la charge résolument positive véhiculée par l'expression *Dolce Vita*, qui est devenue un parfum de renom (Dior) ou un contrat de chauffage tout en douceur (Gaz de France).

Quant au film proprement dit, le même phénomène d'euphorisation fait que l'imaginaire collectif a oublié l'errance éperdue des protagonistes : on ne se rappelle que la scène devenue mythique, où Marcello (Marcello Mastroianni, 1924-1996) et Sylvia (Anita Ekberg, née en 1931) entrent jusqu'à mi-cuisse dans la fontaine de Trevi pour un étonnant baptême païen. On oublie la faiblesse et le désespoir de Marcello pour ne retenir que les sublimes mots d'amour qu'il offre à sa superbe cavalière : « Tu es tout, Sylvia ! Mais tu le sais que tu es tout ? *You are everything, everything !* Tu es la première femme du premier jour de la Création. Tu es la mère, la sœur, l'amante, l'amie, l'ange, le diable, la terre, la maison… Oui, c'est ça : tu es la maison ! » Dans cette déclaration baroque*, l'humour n'est pas absent, l'autodérision* n'est pas loin (→ Amants).

DON

Devant un nom – précisément un prénom – la présence de *Don* était un signe de révérence vis-à-vis d'un noble : le mot est issu de *dominus* (seigneur). On trouve le même usage en Espagne. La domination espagnole en Italie a conforté cette coutume.

Dans son roman historique *I Promessi Sposi (Les Fiancés)*, Alessandro Manzoni donne le nom de *Don Rodrigo* à un hobereau représentatif de l'autorité espagnole en Lombardie au début du XVIIe siècle. Le romancier nomme *Don Abbondio* le curé du village. Celui-ci n'est ni noble ni espagnol, mais son statut de prêtre implique qu'il soit appelé ainsi. Cet usage s'est maintenu jusqu'à aujourd'hui : quelques prêtres se font encore appeler *Don Pietro*, *Don Alvaro,* voire *Don Giovanni* – même si celui-ci n'a rien d'un Don Juan ! Deux célèbres noms de prêtres viennent à l'esprit. Le premier est Don Bosco (1815-1888), un grand pédagogue qui a consacré sa vie à l'éducation des enfants issus de milieux défavorisés. Évidemment, on pense aussi à Don Camillo, ce prêtre de fiction né de l'imagination du romancier Giovannino Guareschi (1908-1968) (→ *Mondo piccolo*).

Dans l'usage sicilien, d'influence espagnole, *Don* est un signe de respect largement distribué. Dans *Il Gattopardo (Le Guépard)*, le roman de Giuseppe Tomasi di Lampedusa (1896-1957) devenu le film de Luchino Visconti (1906-1976), ont droit à un *Don* plusieurs personnages très différents : le Guépard lui-même (Don Fabrizio), le parvenu (Don Calogero) et le modeste organiste du village (Don Ciccio Tumeo). Cette autorité ainsi reconnue peut être de nature mafieuse si l'on pense à Don Vito Corleone, devenu le protagoniste du film *The Godfather (Le Parrain)* de Francis Ford Coppola (né en 1939) (→ Mafia).

Économie souterraine

Tous les pays ont une économie souterraine qui échappe au contrôle de l'État et de l'administration fiscale. Le poids de l'économie parallèle sur le PIB (produit intérieur brut) est généralement compris entre 10 % et 40 %. En Italie, l'*economia sommersa* représenterait 31,1 %. Une étude publiée en 2012 et portant sur l'année 2008 montre que le « noir » s'élèverait en Italie à 490 milliards d'euros – plus d'un tiers étant lié à des activités criminelles de type mafieux et le reste au titre de l'évasion fiscale et du non-paiement des contributions sociales. La première catégorie est le fruit de la prostitution, du racket, du trafic de drogue ou d'armes et de toute autre activité en soi condamnable aux yeux de la loi. L'autre partie de l'économie souterraine est l'accumulation d'activités légales mais qui échappent au contrôle fiscal. Ne pas déclarer un employé, ne pas faire de facture lors d'une transaction ou exercer clandestinement un second métier est fréquent en Italie plus qu'ailleurs. L'utilisation de l'argent liquide est une réalité « culturelle » que l'on constate dans la vie quotidienne. L'État, qui mesure l'ampleur du phénomène, essaie de l'endiguer. S'agissant des activités mafieuses, la lutte est constante avec des succès certains. Pour le reste de l'économie souterraine alternent répression et relative tolérance, selon que la priorité est donnée à l'équilibre budgétaire ou à la compétitivité du pays. Quoi qu'il en soit, un simple client ne doit pas oublier de prendre son *scontrino* (ticket de caisse) dans un café* ou un magasin (→ Code fiscal).

ÉMIGRATION/IMMIGRATION

D'un pays d'émigration, l'Italie est devenue un pays d'immigration. À partir de 1880 jusqu'au milieu du XXe siècle – avec un ralentissement à l'époque fasciste –, les Italiens ont émigré en masse essentiellement vers les pays les plus industrialisés de l'Europe, vers l'Amérique latine et vers les États-Unis. Le phénomène n'a pas concerné que le *Mezzogiorno* (Midi) : de nombreux Italiens du Nord* sont aussi partis chercher fortune à l'étranger. Avec une dernière vague après la Seconde Guerre mondiale, le flux a cessé pour laisser la place à un phénomène inverse. L'Italie est aujourd'hui l'une des « portes d'entrée » de l'Europe pour des immigrés venus de l'ex-Yougoslavie, de l'Europe de l'Est et du continent africain – mais aussi d'Extrême-Orient.

L'évocation de deux lieux emblématiques – précisément deux îles* – permet de mesurer la permanence, ou plus exactement le retour en miroir, d'une même réalité.

De 1894 à 1924, Ellis Island, dans la baie de New York, a été le lieu où les candidats à l'immigration étaient triés et enregistrés. Plus de 12 millions d'immigrés sont passés sur cet îlot – dont beaucoup d'Italiens, le plus souvent de simples *braccianti* (ouvriers agricoles), venus seuls ou avec leur famille, fuyant la misère et espérant trouver un Éden au-delà des mers. Après une traversée harassante, ils arrivaient perdus sur ce qui leur apparaissait comme une *isola delle lacrime* (île des larmes). Parqués comme des bestiaux, ils étaient soumis à des tests psychomoteurs et médicaux humiliants : on marquait à la craie sur leur dos l'affection dont ils étaient éventuellement atteints. La plupart étaient admis, car l'Amérique avait besoin de bras pour faire les sales besognes : paver les rues, déboucher les égouts, construire des voies de chemin de fer… Ceux qui étaient rejetés – 2 % environ – devaient prendre le premier bateau en partance et connaître l'humiliation du retour (→ Ritals, Macaronis, *Wops*).

L'île de Lampedusa est une parcelle d'Europe située à 205 km au sud de la Sicile et à 167 km de la Tunisie. Depuis plusieurs années y affluent des milliers d'immigrants. Au péril de leur vie, ils ont fait la traversée dans des conditions terribles, entassés sur des bateaux de fortune. Les autorités, qui souhaiteraient endiguer ce flux migratoire, se voient contraintes de recevoir ces jeunes hommes. Même si des organisations humanitaires sont à l'œuvre dans le centre de rétention de l'île, on retrouve la même réalité qu'à Ellis Island un siècle plus tôt. La seule différence, de taille, est que les arrivants ne sont pas les bienvenus en Italie et plus généralement dans l'Union européenne, où le chômage atteint des niveaux record. Ce chômage explique par ailleurs le phénomène actuel de « fuite des cerveaux » : de jeunes diplômés italiens émigrent toujours plus nombreux vers les pays émergents.

« Et pourtant elle tourne ! »

« *Eppur si muove !* » (« Et pourtant elle tourne ! ») se serait écrié Galilée (Galileo Galilei, 1564-1642) à l'issue du procès où il venait d'abjurer officiellement l'héliocentrisme, théorie dont il était et restait le défenseur convaincu : même s'il avait été contraint d'affirmer le contraire devant l'Inquisition, il savait que la terre tournait bel et bien autour du soleil ! Galilée fut le plus grand mathématicien, physicien et astronome de son temps. À l'âge de 19 ans, la légende veut qu'il déduisît les lois de l'oscillation pendulaire en observant le balancement d'un lustre dans le dôme de Pise, sa ville natale. Il aurait mis à profit l'inclinaison de la tour penchée pour étudier la chute des corps en laissant tomber des objets de différentes masses et de différentes natures. Au-delà des anecdotes, les découvertes scientifiques de Galilée furent innombrables.

D'autres savants italiens ont jalonné les siècles. Au Moyen Âge, Leonardo Fibonacci, dit Léonard de Pise (v. 1175-v. 1250), fut le premier à introduire les chiffres dits « arabes ». Il inventa la suite qui porte son nom : 1, 1, 2, 3, 5, 8, 13, 21, etc. Chaque nombre y est la somme des deux précédents, et le rapport de deux termes consécutifs tend toujours plus vers le nombre d'or.

À la Renaissance*, Léonard de Vinci (Leonardo da Vinci, 1452-1519) conçut sur le papier des machines et des mécanismes que seuls les XIXe et XXe siècles mirent en œuvre : l'hélicoptère, le scaphandre, le parachute, l'automobile*, le char d'assaut, la bombe à fragmentation, le changement de vitesse…

Les temps modernes ont vu se succéder – parmi tant d'autres – Luigi Galvani (1737-1798), qui a laissé son nom au procédé de galvanisation, Alessandro Volta (1745-1827), à qui l'on doit la pile et l'unité de mesure de la tension électrique, le volt, Guglielmo Marconi (1874-1937), prix Nobel 1909, qui inventa la télégraphie sans fil, Enrico Fermi (1901-1954), prix Nobel 1938, qui révolutionna la physique nucléaire, Rita Levi Montalcini (1909-2012), prix Nobel 1986, neurologue qui découvrit le facteur de croissance nerveux (NGF), Mario Renato Capecchi (né en 1937), prix Nobel 2007, qui s'est distingué en biologie et en génétique humaine. Le cadre des recherches menées par ces savants a le plus souvent dépassé les frontières de l'Italie.

EURO

Bien que l'euro soit la monnaie unique de l'Union européenne, un espace d'identité nationale est réservé sur l'un des côtés des huit pièces émises par chacun des pays membres. Si l'on joue à pile ou face, on peut tomber sur le revers qui est le même pour tous les pays ou sur l'avers qui est spécifique à chacune des nations. Si la France s'en est tenue aux trois symboles républicains que sont l'Arbre de la Liberté, la Semeuse et la populaire Marianne, l'Italie propose huit images différentes qui sont autant de références culturelles : l'Italie, qui se reconnaît dans ses monuments, au sens large du terme, a opté pour un hommage multiple à ses richesses historiques, artistiques et littéraires. Même si la figuration numismatique est stylisée, l'énumération des sujets représentés est un éblouissement. De la pièce de deux euros à celle d'un centime, voici ce qu'un porte-monnaie italien peut contenir : l'effigie du poète Dante Alighieri, telle que l'a peinte Raphaël (Raffaello Sanzio, 1483-1520) dans sa fresque du *Parnasse* au Vatican ; l'*Homme aux divines proportions* dessiné par Léonard de Vinci pour illustrer les théories de l'architecte antique Vitruve (Ier siècle av. J.-C.) ; la statue équestre de l'empereur Marc-Aurèle (121-180 apr. J.-C.) se dressant au centre du pavage géométrique conçu par Michel-Ange (Michelangelo Buonarroti, 1475-1564) pour la place* du Capitole à Rome ; *Formes uniques dans la continuité de l'espace*, symbole futuriste imaginé par Umberto Boccioni (1882-1916) ; le charmant visage de Vénus, dû au pinceau de Sandro Botticelli (1445-1510) ; le Colisée, emblème de Rome ; la Mole Antonelliana, cette tour qui depuis la fin du XIXe siècle domine Turin du haut de ses 167 m ; Castel del Monte, le puissant château octogonal de l'empereur Frédéric II (1194-1250), se dressant sur une éminence des Pouilles.

Ce florilège englobe symboliquement tout le faisceau de la culture italienne dans le temps et dans l'espace, de l'Antiquité aux Temps modernes en passant par le Moyen Âge et la Renaissance*, des rives du Pô jusqu'au Mezzogiorno, sans oublier Florence et la Ville Éternelle. La culture italienne dans son ensemble est ainsi mise à l'honneur dans les menus échanges de la vie de tous les jours – en Italie et progressivement dans toute la zone euro (→ Patrimoine mondial de l'humanité).

Expositions universelles

Depuis le milieu du XIXe siècle et jusqu'à nos jours, dans le monde entier, des métropoles ont organisé des expositions universelles destinées à mettre en valeur les progrès de la civilisation humaine. L'Italie est peu présente sur la liste des villes organisatrices : Milan en 1906 et Turin en 1911. En 1936, Benito Mussolini (1883-1945) décide de lancer pour l'année 1942 l'Exposition universelle de Rome : EUR 42. Le but est de donner à l'Italie fasciste une vitrine de prestige (→ Fascisme). Le projet se veut grandiose avec un ensemble monumental, à la fois moderne et classique, renouant avec la grandeur de la Rome impériale. Les travaux cessent avec la guerre. À la Libération, sur les 400 ha du nouveau quartier, se dressent quelques monuments fantomatiques, tel le palais de la Civilisation italienne, un imposant Colisée parallélépipédique. Sur chacune des façades court l'inscription : *« Un popolo di poeti, di artisti, di eroi, di santi, di pensatori, di scienziati, di navigatori, di trasmigratori »* (« Un peuple de poètes, d'artistes, de héros, de saints, de penseurs, de savants, de navigateurs, de transmigrateurs »). Aujourd'hui, l'EUR est devenue un quartier résidentiel et administratif.

Après cet échec, aucune ville italienne n'aura l'honneur d'accueillir une exposition universelle. Rome organise les Jeux olympiques en 1960, Gênes est capitale européenne de la culture en 2004 et Turin reçoit les Jeux olympiques d'hiver en 2006. Mais il faudra attendre 2015 pour qu'une exposition universelle ait lieu en Italie. Ce sera Expo Milano 2015. Le thème – militant et responsable – en sera « Nourrir la planète. Énergie pour la vie ».

Fascisme

Le premier mouvement politique fondé au lendemain de la Première Guerre mondiale par Benito Mussolini porte le nom de *Fasci di combattimento* (Faisceaux de combat). Cette appellation renvoie à l'emblème choisi, le faisceau des licteurs de justice de la Rome antique. Il s'agit d'une longue hache dont le manche est constitué de tiges de bois serrées en faisceau par des lanières.

Les *Fasci di combattimento* – les chemises noires – en perpétrant des coups de force contre les socialistes et les syndicats permettent à Mussolini de s'imposer toujours plus. Ils sont dissouts en novembre 1921 au profit du PNF (*Partito Nazionale Fascista*). Un an plus tard (octobre 1922), appelé par le roi et appuyé par la symbolique Marche sur Rome, Mussolini accède au gouvernement. Il impose bientôt un pouvoir dictatorial fondé sur l'obéissance absolue à un seul homme, le *Duce*. Le parti fasciste, dirigé par le Grand Conseil fasciste, est le seul autorisé. La propagande s'intensifie et l'ordre est maintenu par la milice. On assiste à une militarisation de la vie quotidienne. Plusieurs secteurs économiques sont nationalisés. Des grands travaux sont lancés. Les syndicats sont supprimés au profit de corporations. L'autarcie – même lorsqu'elle est imposée de l'extérieur – est mise en avant comme modèle économique et comme symbole patriotique.

La politique étrangère du régime est marquée par le dessein ambitieux d'un vaste empire colonial (conquête de l'Éthiopie en 1935-1936). Après des tentatives d'accord avec les démocraties européennes contre Hitler, Mussolini choisit son camp à partir de 1936 en apportant son aide au général Franco en Espagne et en se liant à l'Allemagne.

Désormais inféodé au nazisme, le fascisme promulgue des lois raciales à l'encontre des Juifs (1938) et entre dans la spirale de la guerre (→ Ghetto). Les défaites militaires entraînent le régime vers sa chute. Alors que les Anglo-Américains ont débarqué dans le Sud* de l'Italie, Mussolini est arrêté par les siens en juillet 1943. Les Allemands le libèrent et imposent une restauration du régime : ce sera la pitoyable République sociale italienne, repliée à Salò dans le Nord* de l'Italie. Lorsque la victoire des Alliés semble inéluctable, Mussolini tente de fuir vers l'Allemagne. Il est arrêté en chemin et fusillé le 28 avril 1945.

Femmes célèbres

L'histoire italienne est avant tout dominée par des hommes, qu'ils soient princes, artistes, aventuriers ou poètes. Cependant, dans un monde longtemps fait par et pour les hommes, des femmes d'exception ont régulièrement marqué le cours du temps, n'hésitant pas pour s'imposer à braver les règles de la société. L'évocation de trois d'entre elles permet de mesurer l'exploit de telles carrières au féminin.

Caterina Benincasa (1347-1380), plus connue sous le nom de sainte Catherine de Sienne, est l'une des plus fortes personnalités du Moyen Âge. Contre l'avis de ses parents, elle fait très tôt le choix de la vie religieuse auprès des dominicaines. Grande mystique et visionnaire, elle n'en néglige pas pour autant la vie en société. Bien qu'illettrée, elle dicte d'innombrables lettres destinées à des puissants comme à des personnes modestes. Se rendant en Avignon auprès de Grégoire XI, elle obtient du pape son retour à Rome. Après l'avènement d'Urbain VI et face à l'élection de l'antipape Clément VII, elle continue de lutter et de prier en faveur de la paix et de la réconciliation.

Maria Montessori (1870-1952), pour devenir la première femme docteur en médecine d'Italie, doit affronter l'hostilité de sa famille et du milieu universitaire. Après s'être intéressée aux enfants déficients – dont elle veut comprendre le retard –, elle conçoit progressivement une méthode pédagogique valable pour tous les enfants. Elle multiplie les voyages. Très vite, de nombreux établissements appliquent sa pédagogie fondée sur l'observation et le respect de l'enfant, valorisant ses capacités sensorielles et sa liberté active. Le régime fasciste, qui a une conception de l'éducation diamétralement opposée, ferme ses écoles. Son exil lui permet de poursuivre son œuvre dans le monde entier. Aujourd'hui, il y a plus de 22 000 écoles Montessori sur tous les continents.

Ilona Staller (née en 1951 à Budapest, naturalisée italienne) est connue comme *La Cicciolina* – le surnom facétieux qu'elle a adopté en Italie en tant qu'actrice de films pornographiques, chanteuse ou animatrice de radio. Elle ne cherche pas à cacher son statut de star du X et continue à se faire appeler *la Cicciolina*, même lorsqu'elle entre en politique, militant en faveur d'un monde sexuellement libre, sans énergie nucléaire, sans censure, sans violence. Elle recueille les suffrages de ses concitoyens et siège au Parlement de 1987 à 1992. Elle se plaît à multiplier les provocations exhibitionnistes, qui sont pour elle autant de manifestes libertaires – des actes indignes ou simplement ridicules pour d'autres. Elle se retire de la vie politique en 2011.

Tout semble séparer ces trois femmes : une mystique engagée, une pédagogue révolutionnaire, une militante sulfureuse. En même temps, elles partagent la volonté et le courage de briser les schémas traditionnels assignés aux femmes et plus généralement à la société.

Fiat lux et facta est lux

Lorsque Giovanni Agnelli (1866-1945) fonde son entreprise de construction automobile* en 1899, il l'appelle *Fabbrica Italiana di Automobili di Torino*, heureux que les initiales correspondent à un mot latin euphorique entre tous, le fameux *fiat* de Dieu créateur au tout début de la Genèse : « *dixitque Deus fiat lux et facta est lux* » (« et Dieu dit que la lumière soit faite et la lumière fut faite »). L'entreprise Fiat, portée par une telle appellation, connut un destin sans pareil.

L'épopée de Fiat, de l'extrême fin du XIXe siècle au début du XXIe siècle, est ponctuée par la construction de minivoitures portant le nom de *Fiat 500*. On compte quatre générations de Cinquecento.

La première est connue sous son surnom *Topolino* (Petite souris). Elle est le fruit d'une décision politique. Dès 1930, Mussolini demande au sénateur Giovanni Agnelli de produire une voiture populaire dont le prix ne doit pas dépasser 5 000 lires (→ Fascisme). L'idée impressionne Adolf Hitler (1889-1945) qui impose le projet de la Volkswagen à Ferdinand Porsche (1875-1951). La *Topolino*, produite de 1936 à 1955 à plus d'un demi-million d'exemplaires, sera également construite dans d'autres pays comme la France (Simca 5).

Après la guerre, sous la direction de Vittorio Valletta (1883-1967), Fiat se lance dans la motorisation de masse de la nouvelle Italie républicaine. La Nuova 500 est née. Conçue par Dante Giacosa (1905-1996), produite à 3,8 millions d'exemplaires de 1957 à 1975, elle est ce sympathique « pot de yaourt », dans lequel se serrent allègrement les jeunes générations du « Miracle* italien ».

De 1991 à 1998, une Cinquecento assez banale tente le *revival* du concept. Mais, malgré plus d'un million de ventes, le rêve n'est pas au rendez-vous.

En juillet 2007, la renaissance de la Fiat 500 a effectivement lieu. Dans une voiture digne du XXIe siècle, tout a été fait pour que le mythe Cinquecento reste intact. Le succès est immense auprès d'un public qui achète le rêve italien, celui de la *Dolce Vita**, des *gelati* et du *cappuccino* – même si ce bijou automobile sort d'une chaîne de montage polonaise, délocalisation oblige.

FONTAINES

La découverte, la captation et l'utilisation d'une source ont été de toute antiquité entourées d'un rite célébrant la sacralité du lieu. À Syracuse, sur l'île d'Ortygie, une source d'eau douce, jaillissant près de la mer, rappelle le mythe de la nymphe Aréthuse : poursuivie par le dieu fleuve Alphée, la belle fugitive aurait été transformée en fontaine pure grâce à l'intervention d'Artémis. Une riche littérature allant de Virgile (70-19 av. J.-C.) à Giosuè Carducci (1835-1907) chante les sources ombriennes du Clytumne, si abondantes et pures, où se baignaient les bœufs blancs pour arriver purifiés au sacrifice.

Les places des villes médiévales puis renaissantes accueillent des fontaines qui, par leur monumentalité, célèbrent l'eau non plus comme une divinité, mais comme un reflet et un symbole de la divinité. Saint François d'Assise (v. 1182-1226) chantait : *« Laudato si', mi' Signore, per sor 'aqua, la quale è multo utile et humile et pretiosa et casta »* (« Loué sois-tu mon Seigneur, pour sœur eau qui est très utile et humble, précieuse et chaste »). À Sienne, sur la Piazza del Campo, la fontaine de Jacopo della Quercia (1374-1438) porte le nom significatif de *fontana Gaia* (fontaine de la Joie). Devant le palais des Prieurs à Pérouse, la *fontana Maggiore* (fontaine Majeure) s'impose par la forme polygonale de ses bassins superposés. Les panneaux sculptés par Nicola Pisano (v. 1220-v. 1278) et son fils Giovanni (1248-1317) évoquent symboliquement divers champs du savoir, comme les travaux des mois et les signes du zodiaque. Cette somme de connaissances accompagne le jaillissement de l'eau emblème de l'intelligence, don de l'Esprit.

L'âge baroque* trouve dans les fontaines une occasion de jouer pleinement avec les effets éphémères de l'eau jaillissant avec vigueur, retombant en pluie, éclaboussant la pierre sculptée, scintillant dans la lumière et réfléchissant en miroir les élévations de marbre*. Le Bernin (Gian Lorenzo Bernini, 1598-1680) conçoit à Rome plusieurs fontaines parmi les plus spectaculaires. Leurs seuls noms évoquent une puissance à laquelle se mêle la fantaisie : *fontana delle Api* (fontaine des Abeilles), *del Tritone* (du Triton), *dei Fiumi* (des Fleuves), *di Nettuno* (de Neptune)…

FOURCHETTE

Pour manger des spaghettis, l'usage de la fourchette nécessite une dextérité que les Italiens ont acquise dès l'enfance. Tenue dans la main droite, elle est le seul ustensile qu'il convient d'utiliser – une cuillère dans la main gauche n'étant pas convenable. Le pouce, l'index et le majeur saisissent le sommet de la fourchette et pointent l'instrument sur quelques spaghettis isolés sur un côté de l'assiette – creuse de préférence. Un mouvement giratoire dans le sens des aiguilles d'une montre confectionne un petit écheveau que l'on s'empresse de porter à la bouche, avant qu'il ne se dénoue. Les Anglo-Saxons, qui sont dans l'incapacité de se défaire du couple couteau-fourchette, hésitent avant de s'offrir le plaisir d'un plat de *spaghetti alle vongole* (spaghettis aux palourdes) (→ Pâtes).

La fourchette, utilisée à la cour de Constantinople, est arrivée en Europe par Venise. C'est la fille de l'empereur byzantin, Théodora Doukas (1058-1083), mariée au doge Domenico Selvo (1055-1087), qui la fit connaître aux Européens comme ustensile de table et pas seulement de cuisine. Bien des siècles passèrent avant que son usage ne s'impose. Si un tableau de Sandro Botticelli représente un banquet nuptial avec la présence parmi les invités de Laurent le Magnifique (Lorenzo il Magnifico, 1449-1492) qui manie avec élégance une fourchette, en dehors de la fiction picturale, il en était peut-être autrement. Manger avec ses doigts semblait naturel, même lors des banquets les plus fastueux. En lisant les recommandations de bienséance que Giovanni Della Casa (1503-1556) donne aux convives dans son *Galateo* (*Galatée*), on est stupéfait d'apprendre qu'à table il ne faut pas se rincer la bouche puis cracher, se curer les dents ostensiblement, se remplir le gosier de victuailles au point de s'étouffer, éructer bruyamment, etc., mais l'auteur n'ose pas y proposer l'usage de la fourchette à des mangeurs avides de contact physique avec la nourriture.

Fratelli d'Italia

En plein *Risorgimento**, le poète génois Goffredo Mameli (1827-1849) compose, en 1847, à l'âge de 20 ans, un hymne patriotique pour exalter les Italiens à combattre l'occupant autrichien : *Fratelli d'Italia (Frères d'Italie)* est né – bientôt mis en musique par un autre Génois Michele Novaro (1818-1885). Cet hymne, précisément appelé *Canto degl'Italiani (Chant des Italiens)*, devient bientôt le signe de ralliement des patriotes. Mais, l'Unité accomplie, sa popularité n'est pas suffisante pour en faire un hymne national officiel dans le nouveau royaume d'Italie qui a sa *Marcia reale (Marche royale)*. Le fascisme*, lors de ses *adunate* (rassemblements), se reconnaît dans le chant *Giovinezza (Jeunesse)*. En 1946, *Fratelli d'Italia* devient l'hymne officiel de l'Italie, mais à titre provisoire. Ce n'est qu'en 2005 que le statut de ce symbole national est officialisé pour figurer en bonne place aux côtés de *La Marseillaise* et de *God Save the Queen* (→ *Bella ciao*, Tricolore).

Aujourd'hui, lorsque l'équipe nationale italienne de *calcio** (football) chante, soutenue par la foule des *tifosi* (supporters), avant tel ou tel match décisif, voire avant telle ou telle finale glorieuse du Mondial, ce sont ces paroles qui sont reprises en chœur :

« *Fratelli d'Italia, / L'Italia s'è desta. / Dell'elmo di Scipio / S'è cinta la testa./ Dov'è la Vittoria ? / Le porga la chioma, / Che schiava di Roma / Iddio la creò (bis). Stringiamci a coorte. / Siam pronti alla morte. / Siam pronti alla morte. / L'Italia chiamò ! (bis)* » (« Frères d'Italie, / L'Italie s'est réveillée. / Du heaume de Scipion / Elle s'est ceint la tête. / Où est la Victoire ? / Qu'elle lui tende sa chevelure, / Car esclave de Rome / Dieu la créa *(bis)*. Serrons-nous en cohortes. / Nous sommes prêts à la mort. / Nous sommes prêts à la mort. / L'Italie a appelé ! *(bis)* »).

FRESQUES

À la Renaissance*, le génie créateur des peintres est progressivement reconnu : longtemps considérés comme de simples artisans, ils deviennent pour la société des artistes et jouissent de l'aura jusqu'alors réservée aux poètes. Pour autant, leur art reste un métier aux techniques complexes et contraignantes.

À Florence, les fresques de la chapelle du palais Médicis, celles du réfectoire de Sant'Apollonia, de la chapelle Brancacci, des cellules du couvent de San Marco et bien d'autres disent avec éclat le grand art des maîtres qui les ont conçues. La beauté de ces fresques fait oublier le long processus que le peintre a suivi, assisté de sa *bottega* (atelier). Sur le mur est d'abord étalé un premier enduit relativement grossier. Cette surface, une fois sèche, reçoit l'esquisse, dite *sinopia* parce que dessinée avec une pierre rouge provenant de Sinople. Chaque jour est choisie une partie de l'ensemble – un visage, un drapé, une architecture – que l'on recouvre d'un enduit plus fin et plus riche en chaux. C'est alors que l'artiste peint *a fresco*, ne disposant que de six à sept heures – tant que le support reste frais. La peinture utilisée est un mélange d'eau et de pigments minéraux, qui en séchant au contact de la chaux connaît un phénomène de carbonatation. La pérennité de la fresque est ainsi assurée. Ensuite sont peints *a secco* certains détails minutieux et tous les bleus – à base de lapis-lazuli ou d'azurite (→ Marbre, Mosaïques).

À la suite des artistes de la Renaissance, les créateurs italiens d'aujourd'hui – stylistes, designers, industriels – savent que le génie sans le savoir-faire n'est rien (→ Design).

FROMAGE (L'AUTRE PAYS DU)

La Hollande, désireuse de vendre ses fromages sur le marché français, tout en ménageant la susceptibilité de ses clients, a eu l'idée à partir des années 1980 de se présenter comme « L'autre pays du fromage ». Sans porter ombre à la Hollande, et respectant le *leadership* français, on peut légitimement dire que l'Italie est aussi « L'autre pays du fromage ».

On compte plusieurs centaines de variétés réparties sur tout le territoire. Certaines sont protégées par une appellation DOP *(Denominazione di Origine Protetta)*.

Le plus aristocratique des fromages italiens est le parmesan. Son existence est mentionnée depuis des millénaires. Dans le *Décaméron* de Boccace, il est associé au Pays de cocagne. Molière (1622-1673), qui l'avait découvert auprès des *commedianti* de Paris, en raffolait. Il convient de préférer le *parmigiano reggiano* (parmesan de lait de vache *reggiana* – de Reggio). Le charismatique gastronome Giuliano Bugialli (né en 1931) propose une recette de *tagliatelle* cuisinées avec les deux produits emblématiques de Parme : son fromage et son jambon. Il les présente servies dans une meule de *parmigiano reggiano* évidée. Selon lui, ce luxe est le comble du raffinement, car les *tagliatelle* et la sauce s'imprègnent de la saveur de la meule de parmesan (→ Pâtes).

Le plus populaire est la *mozzarella*. Il faut choisir la vraie, celle qui est faite artisanalement en Campanie exclusivement avec du lait de bufflonne *(mozzarella di bufala campana)* – filée, comme il se doit, à la main à l'aide d'une écuelle et d'un bâton. L'origine de ces bufflonnes est mystérieuse : certaines paissent non loin des temples grecs de Paestum et semblent indissociables du paysage (→ Pizza).

Le plus festif est le *mascarpone*, ingrédient essentiel du *tiramisù* – les autres ingrédients étant les biscuits *savoiardi*, le café* très fort, les œufs, l'*Amaretto di Saronno* (liqueur) et la poudre de chocolat amer. En Piémont et en Lombardie, son terroir d'origine, on le fait fondre dans le potage ou les pâtes.

Parmi les fromages italiens les plus connus, on peut citer également le *taleggio*, le *gorgonzola*, la *ricotta*, le *pecorino*, le *provolone* et bien sûr le *Bel Paese* dont l'emballage est à l'effigie de l'Italie (→ *Bianco o rosso ?*, Huile d'olive).

Futurisme

La première des avant-gardes du XXe siècle est italienne. Avant l'apparition du dadaïsme (1916) ou du surréalisme (1924), le magnétique Filippo Tommaso Marinetti (1876-1944) édicte les lois du futurisme avec son tonitruant manifeste publié le 22 février 1909 dans *Le Figaro* de Paris. Il y exalte le mouvement, la vitesse, le danger, la violence. Il refuse le passé, la tradition, méprisant toute certitude, toute forme d'académisme… Il entend tuer le clair de lune, symbole de l'immobilisme pleurnichard des romantiques. Les grandes métropoles, les automobiles, le vacarme, les usines, les foules déchaînées, les bagarres de rue composent le nouveau paysage futuriste. À la tête d'un groupe d'exaltés, Marinetti multiplie les déclarations, les professions de foi, les slogans à l'emporte-pièce. En 1914, les futuristes militent en faveur de l'entrée en guerre de l'Italie. Pour eux, la guerre est la seule hygiène du monde. En 1920, ils participent à la montée du fascisme*. Des mots d'ordre fascistes tels que *« Marciare non marcire »* (« Marcher au pas de charge plutôt que rester là à pourrir ») ou *« Meglio vivere un giorno da leone che cento anni da pecora »* (« Mieux vaut vivre une journée comme un lion plutôt que cent ans comme un mouton ») sont nettement inspirés des manifestes futuristes. Avec la mise en place du régime et la normalisation qu'il impose, les futuristes sont bien vite écartés, considérés comme des anarchistes dangereux. Le meilleur moyen de les mettre au pas est d'en faire des académiciens. Ce sera le cas de Marinetti en 1929 !

Gelato

Ce que l'on appelle communément « glace à l'italienne » est cette émulsion crémeuse, parfumée et colorée, que crache directement dans un cornet une machine réfrigérante. L'appellation « glace à l'américaine » serait plus appropriée. La glace à l'italienne – la vraie – est celle d'une *gelateria artigianale* qui propose des *gelati casarecci* (glaces faites maison) avec des ingrédients naturels. Plus de la moitié des glaciers italiens sont des artisans indépendants qui proposent, en moyenne, une vingtaine de *gusti* (parfums). Le choix est souvent difficile, et certaines appellations sont mystérieuses pour les étrangers : *gianduia*, *stracciatella*, *zabaione*, *liquirizia*... Dans une *coppa* ou un *cono*, le glacier armé de sa palette vous compose un assortiment généreux, débordant (→ Café, *Dolce Vita*, Promenade).

Les Italiens ne sont pas les inventeurs du *gelato*. Dans différentes civilisations, depuis des temps immémoriaux, en été, on utilise de la neige, conservée dans des grottes, pour des préparations rafraîchissantes à base de lait, de miel et de fruits pressés... Mais c'est en Italie que la recette moderne est élaborée pour être ensuite divulguée en Europe et dans le monde entier. Le Sicilien Francesco Procopio dei Coltelli (1651-1727) est le premier à utiliser une sorbetière capable de produire avec succès un véritable *gelato*. Son invention lui vaut un immense succès, surtout à Paris où il ouvre un café* en 1689, appelé *Le Procope*. Là, il sert des préparations glacées parfumées au citron, à la cannelle, à l'anis et selon bien d'autres recettes exquises, qui font courir le Tout-Paris.

Une glace offerte ou partagée est un moment de bonheur simple. Paolo Conte (né en 1937) nous offre de sa voix rauque *Un gelato al limon*, une chanson d'amour à la fois triste et généreuse, où la glace au citron a valeur d'espoir offert à une femme malheureuse et à tous ceux qui sont *sprofondati in fondo a una città* (« enfouis au fin fond d'une ville ») (→ *Volare, cantare*).

GHETTO

Avant d'avoir le sens que nous lui connaissons, le mot désignait quelques îlots de Venise où se trouvait une fonderie – *ghetto* signifiant « coulée ». En 1516, ces îlots furent assignés aux Juifs avec l'obligation d'y rester enfermés la nuit : le soir venu, des chaînes barraient les ponts d'accès. Cette mesure était le prix à payer pour obtenir de la part des autorités une reconnaissance officielle de la communauté. Les Israélites vénitiens pouvaient ainsi pratiquer leur religion et édifier des synagogues dans l'espace du ghetto.

Avec son album *Favola di Venezia (Fable de Venise)*, l'auteur de bandes dessinées Hugo Pratt (1927-1995) nous emmène avec son héros vagabond Corto Maltese à la découverte des arcanes passés et présents du ghetto de Venise – l'histoire se passant en 1921.

Au cours des siècles, les Juifs en Italie connaissent des conditions de vie souvent difficiles. Dans la Rome des papes, ils sont les souffre-douleur du Carnaval* : la course aux Juifs consistait à rouler plusieurs d'entre eux dans des tonneaux. Mais, les excès carnavalesques passés, les Juifs retrouvaient leur statut de protégés particuliers du Saint-Siège – cependant toujours suspects de perfidie.

L'émancipation complète advient en 1848 dans le royaume de Piémont-Sardaigne. Cette mesure fait suite à une politique libérale des Savoie vis-à-vis des Juifs fuyant les persécutions, notamment d'Espagne. À Turin, la vertigineuse Mole Antonelliana – commencée en 1863 et conçue à l'origine comme une synagogue – donne bien l'idée de la liberté acquise par la communauté dès la confirmation par le royaume d'Italie de la pleine citoyenneté des Israélites.

Paradoxalement, c'est sous le règne d'un monarque descendant de ces mêmes Savoie, Victor Emmanuel III (Vittorio Emanuele III di Savoia, 1869-1947), certes soumis à Mussolini, que les lois raciales furent mises en place. Le fascisme*, lui-même inféodé au nazisme, lança à partir de 1938 un programme de lutte antisémite calqué sur le projet allemand. Le roman de Giorgio Bassani (1916-2000) *Il giardino dei Finzi Contini* (*Le Jardin des Finzi Contini*, 1962), adapté au cinéma en 1970 par Vittorio De Sica (1901-1974), montre comment les Juifs de Ferrare restèrent longtemps incrédules face à de telles privations de libertés – qui devaient les conduire dans les camps de concentration allemands. Primo Levi (1919-1987), auteur de *Se questo è un uomo* (*Si c'est un homme*, 1947) et de *La Tregua* (*La Trêve*, 1963), évoque gravement l'indicible expérience des camps de la mort et le dolent retour à la vie.

Gondole

Au-delà du symbole touristique mondialement connu, la gondole mérite d'être contemplée comme un objet unique et considérée comme un emblème vivant de Venise et plus généralement de l'Italie.

Depuis 1094, date à laquelle son nom apparaît pour la première fois dans un décret dogal, la gondole connaît une évolution dans sa fonction et sa forme. De bateau utilitaire, elle accède au statut d'embarcation aristocratique, pour devenir à terme une simple attraction touristique. Sa silhouette et sa décoration évoluent au fil des siècles, comme en témoignent les peintures de Vittore Carpaccio (1460-1520) et celles de Canaletto (1697-1768). La configuration actuelle, très codifiée, est le résultat conjugué de lois somptuaires destinées à limiter les excès de faste et d'améliorations techniques apportées peu à peu. L'embarcation mesure 11 m de long et 1,38 m de large pour un poids d'environ 600 kg. Sont nécessaires à sa fabrication 280 pièces de bois de différentes essences. Depuis le XIXe siècle, sa silhouette est asymétrique, comme tendue vers la droite, de manière à compenser le poids du gondolier qui se tient debout à l'arrière gauche, appuyant sa rame à la *forcola*. Celle-ci, taillée dans une pièce de bois unique, offre différents points d'appui selon les exigences de la navigation. Sa forme est très belle. Le *fero de prua* (figure de proue en fer) a également une forme qui lui est propre. Ses six pointes antérieures symboliseraient les *sestieri* (quartiers) de Venise, la pointe postérieure représentant l'île de la Giudecca. Quant à la partie supérieure arrondie, certains y voient la courbe du grand canal, d'autres le *corno* (chapeau) du Doge. De chaque côté, au niveau des accoudoirs des passagers, le *cavai* (cheval) offre l'ornement d'un hippocampe ou d'une sirène en bronze doré. La gondole présente d'autres détails raffinés comme la boucle que dessine la figure de poupe ou, ici ou là, plusieurs motifs de grotesques sculptés en creux. Mais, faisant oublier ces joyaux, la laque noire qui l'habille lui donne cette allure austère de belle dame en deuil. La gondole intrigue et fascine : elle apparaît comme le fruit paradoxal d'un subtil dosage de gravité et de pétillante vitalité. Elle est la métaphore de Venise qui ne demande qu'à vivre en dépit des deuils que le destin lui impose (→ Sauvetages).

GRAND TOUR

L'expression, de langue française, doit être prononcée avec l'accent anglais, car ce sont les aristocrates britanniques qui ont inventé le phénomène. Le Grand Tour, mis en pratique dès le XVIIe siècle, a connu son apogée aux XVIIIe et XIXe siècles. Il s'agissait de voyages à travers l'Europe accomplis par de jeunes nobles. Le *tourist* partait pour une année, avec armes et bagages, accompagné de ses serviteurs et de son tuteur qui veillait tant bien que mal à la bonne moralité de son protégé. Si l'on traversait les Pays-Bas, la France et la Suisse, le pays de destination était l'Italie. Milan, Venise, Florence, Rome et Naples, avec Pompéi et Herculanum, étaient les étapes les plus importantes. On s'aventurait parfois jusqu'à Paestum. Les voyageurs se passionnaient pour les antiquités ; ils étaient reçus dans des académies, assistaient à des concerts et à toutes sortes de spectacles, se familiarisaient avec la langue* et la littérature italiennes – perfectionnant ainsi leur formation intellectuelle et culturelle. Le Grand Tour avait aussi un rôle initiatique offrant au jeune homme ses premières expériences viriles. Le Carnaval* de Venise servait à cela. À l'issue d'un tel voyage, on accédait au statut de *compleat gentleman*.

Les adeptes du Grand Tour achetaient des antiquités et des œuvres d'art destinées à enrichir les collections de leurs manoirs nordiques. Le peintre Canaletto se fit une spécialité de *vedute* (vues) de Venise destinées à une clientèle étrangère. Piranèse (Giovan Battista Piranesi, 1720-1778) fit de même à Rome avec ses eaux-fortes représentant les ruines de la Cité Éternelle. On consignait ses expériences dans des livres de mémoires. Les *Lettres écrites d'Italie* (1799) de Charles de Brosses (1709-1777) sont une mine inépuisable. Goethe (1749-1832) écrivit son *Italienische Reise* (*Voyage en Italie*, 1817). Stendhal (1783-1840) est l'auteur de *Rome, Naples et Florence* (1817) et de *Promenades dans Rome* (1829). Lamartine rapporta de Naples l'idée de son roman autobiographique *Graziella* (1852).

Le Grand Tour ne se pratique plus. Il a été remplacé depuis longtemps par le tourisme de masse. Au niveau mondial, l'Italie est la cinquième destination touristique avec près de 44 millions de visiteurs par an. Il n'est pas certain que tous reviennent *compleat ladies and gentlemen*.

Guelfes et Gibelins

L'antagonisme entre le pape et l'empereur, entraînant souvent de véritables guerres*, marque régulièrement le cours du Moyen Âge italien. On distingue deux périodes de luttes plus intenses : la querelle des Investitures (1075-1122) et la lutte du Sacerdoce et de l'Empire (1157-1250). L'empereur revendique la suprématie sur Rome et l'Italie au nom de son pouvoir « de droit divin ». Le pape, fort de sa mission spirituelle, est certain d'être au-dessus de l'empereur même dans le domaine temporel. Dans le centre et le nord* de l'Italie, les villes profitent de la situation incertaine pour obtenir des privilèges, se réclamant de l'un ou de l'autre belligérant. S'affranchissent ainsi et se développent des communes industrieuses et prospères. C'est dans ce contexte que se constituent deux partis, les Guelfes favorables au pape et les Gibelins favorables à l'empereur (→ Condottiere).

Aujourd'hui, les visiteurs peuvent trouver la trace de l'adhésion à l'un ou l'autre parti de telle ou telle ville qu'ils visitent, en regardant la forme des créneaux qui couronnent le palais communal (*palazzo del Comune*, *palazzo del Popolo*, *palazzo Pubblico*, *palazzo della Signoria*, *palazzo dei Priori*, etc.) (→ Place). Les créneaux dits « gibelins » sont à deux pointes – en forme de queue d'hirondelle. Les créneaux dits « guelfes » sont tout simplement carrés. La coexistence des deux types de créneaux sur un même monument ou sur deux monuments opposés dit bien la rivalité entre les deux partis et l'alternance à la tête de la cité de telle ou telle famille se réclamant de l'un ou de l'autre parti – avec les violences, les bannissements, voire les exécutions que de tels changements politiques entraînaient.

La grande peste de 1348 mit fin à un tel antagonisme.

Guerres d'Italie

Au cours de son histoire, l'Italie a été régulièrement le théâtre de guerres, assumant souvent le triste statut de champ de bataille de l'Europe.

L'expression « guerres d'Italie » renvoie aux expéditions successives des trois rois de France, Charles VIII (1470-1498), Louis XII (1462-1515) et François Ier (1494-1547) (→ Renaissance). Les guerres d'Italie débutent en 1494 et se terminent en 1559 avec le traité de Cateau-Cambresis. Le motif de telles « descentes » est le rétablissement des droits des Français sur le royaume de Naples passé aux mains des Aragonais. S'ajoutent, avec l'avènement de Louis XII, des prétentions dynastiques sur le Milanais. Les rois de France ont trouvé, dans l'Italie morcelée de l'époque, des alliés, mais bien vite des coalitions hostiles. Avec l'élection à la tête de l'Empire en 1519 de Charles-Quint, la lutte s'élargit aux dimensions d'un conflit européen opposant les Valois et les Habsbourg. Les Français se rappellent volontiers la date de 1515, celle de la victoire de Marignan ; ils évoquent moins volontiers la défaite de Pavie en 1525 ; ils sont fiers de Bayard (1473-1524) dit « le chevalier sans peur et sans reproche ». Pour l'Italie, le bilan est lourd : elle passe en grande partie sous le joug de l'Espagne. Il faudra attendre le XIXe siècle et le *Risorgimento** pour que le pays s'affranchisse de la domination étrangère.

À la fin du XVIIIe siècle, les Français reviennent en Italie. La campagne menée en 1796-1797 par le général Bonaparte (1769-1821), contre les Autrichiens, les Piémontais et leurs alliés, est suivie d'une autre campagne lancée en 1800 par le même Bonaparte devenu Premier Consul. Ces expéditions suscitent d'abord l'enthousiasme des Italiens, puis leur déception.

Toujours pour lutter contre la domination autrichienne en Italie, Napoléon III (1808-1873) entreprend en 1859 une guerre en alliance avec le Piémont. L'intervention française et ses succès déclenchent le processus de l'Unité italienne, en dépit d'un armistice signé très en retrait par rapport aux attentes des patriotes.

En 1915, le royaume d'Italie entre dans la Grande Guerre. Un front est alors ouvert contre les forces austro-hongroises puis allemandes. Après la défaite de Caporetto (1917), la victoire de Vittorio Veneto (1918) met fin aux combats. On déplore 1 240 000 victimes civiles et militaires.

La Seconde Guerre mondiale fait de l'Italie un terrible lieu d'affrontement de 1943 à 1945. Les Alliés débarqués en Sicile voient leur progression arrêtée par l'intervention des Allemands. Pendant des mois, un front se stabilise au nord de Naples. Rome est libérée en juin 1944. Un nouveau front se fixe en Toscane. Il faut attendre le 2 mai 1945 pour que les Allemands capitulent. À nouveau, les pertes humaines et matérielles sont énormes : 443 000 victimes civiles et militaires, ainsi que de nombreux sites artistiques détruits.

HABEMUS PAPAM

Comme le rappelle en 2011 le film de Nanni Moretti (né en 1953), l'expression *« Habemus papam »* (« Nous avons un pape ») est prononcée par le porte-parole des cardinaux réunis en conclave, lorsque leur choix est établi et qu'un nouveau pontife est élu.

Cette phrase liée à une circonstance exceptionnelle de l'histoire de l'Église catholique, les Italiens peuvent la prononcer quotidiennement dans la mesure où le pape est vraiment présent en Italie. Ils ont un pape, au cœur de l'Italie, même si le Vatican est indépendant et totalement distinct de la République* italienne.

Dans l'histoire du *Risorgimento**, le pape a joué un rôle qui se voulait d'abord unitaire, mais qui a été à terme antiunitaire. Théorisé en 1848 par Vincenzo Gioberti (1801-1852), le néoguelfisme proposait une unité italienne sur la base d'une confédération sous la présidence du pape (→ Guelfes et Gibelins). La suite de l'histoire du *Risorgimento* montre le frein opposé par la papauté, attachée à ses États et à sa souveraineté temporelle. En 1870, Rome est finalement conquise et annexée au royaume d'Italie. Le pape Pie IX (1792-1878) refuse de reconnaître les faits et se réfugie au Vatican où il se déclare prisonnier. Ses successeurs garderont la même attitude. C'est ce que l'on appelle « la question romaine » – résolue seulement en 1929 : les accords du Latran, signés entre Mussolini et Pie XI (1857-1939), réduisent la souveraineté temporelle du pape au seul État de la cité du Vatican. En contrepartie, le catholicisme est déclaré religion d'État dans le royaume d'Italie (→ Fascisme). En 1984, ces accords sont revus dans un sens plus laïc. La liberté de foi religieuse et de culte est inscrite dans la Constitution ; mais il est rappelé que « les principes du catholicisme font partie du patrimoine historique du peuple italien ».

Ce patrimoine historique est indéniablement présent dans la vie du peuple italien avec ou sans son assentiment. Le blasphème est interdit par le Code pénal.

Des cours de religion sont toujours dispensés dans les établissements scolaires : cependant, ils ne doivent pas être prosélytes et peuvent faire l'objet de dispenses. Une part des impôts que paient les contribuables (0,8 %) est destinée à une confession religieuse : 36 % choisissent l'Église catholique. Ceux qui ne se prononcent pas (la moitié) voient leur contribution aller vers l'Église catholique à la hauteur de 36 % également. C'est ainsi que la contribution destinée à l'Église catholique s'élève à un milliard d'euros. Très concrètement, des crucifix sont accrochés aux murs de lieux publics (bureaux de poste, salles de classe, chambres d'hôpitaux, tribunaux, etc.) ou semi-publics (magasins, agences bancaires, etc.). Contre cet usage, les protestations ne manquent pas.

Mais l'Église n'a pas tous les pouvoirs sur la vie du peuple italien. En témoignent les lois autorisant le divorce (1970) et légalisant l'avortement (1978) que le souverain pontife n'a pas vraiment appelées de ses vœux.

Hendécasyllabe

Erano i capei d'oro a l'aura sparsi /che 'n mille dolci nodi gli avvolgea.

Dans l'imaginaire collectif des Italiens, ces deux vers de Pétrarque occupent une place privilégiée : ils évoquent les cheveux d'or de Laure *(Laura)* que l'air *(l'aura)* noue en doux nœuds.

Ce sont des hendécasyllabes, le type de vers le plus présent dans la poésie italienne. L'hendécasyllabe, comme son nom l'indique, compte 11 syllabes. C'est le vers des grands chefs-d'œuvre – notamment des grands poèmes épiques de l'Arioste (Ludovico Ariosto, 1474-1533) et du Tasse (Torquato Tasso, 1544-1595) (→ Langue italienne). Le nombre impair de syllabes suppose une césure qui n'est pas centrale et deux hémistiches inégaux. En effet, l'hendécasyllabe est l'addition de deux vers plus petits, un quinaire (cinq syllabes) et un septénaire (sept syllabes) qui se présentent dans cet ordre ou dans l'ordre inverse. Le lecteur attentif aura remarqué que le compte n'est pas bon : sept et cinq ne font pas onze – et pas davantage cinq et sept. En réalité le compte est bon et même très bon, car la dernière syllabe du premier hémistiche et la première syllabe du deuxième hémistiche se chevauchent pour former un enchaînement harmonieux.

Ce vers convient à merveille au génie italien, dans la mesure où il est le résultat d'un jeu complexe entre équilibre et déséquilibre – jeu que l'on retrouve en dehors de la poésie et dans lequel excellent toujours les Italiens d'aujourd'hui qui reconnaissent volontiers leur don de l'équilibrisme.

HUILE D'OLIVE

L'expression est un pléonasme : huile – *olio* en italien – vient du latin *oleum* qui signifie déjà « huile d'olive ». Ceci nous rappelle qu'à l'origine il n'est d'huile que d'olive.

L'huile d'olive est une nourriture primordiale – l'olivier faisant partie avec le blé et la vigne de la triade agricole de l'Italie ancestrale. Outre son statut alimentaire, l'huile d'olive alimente les lampes pour apporter de la lumière dans la nuit ; elle est à la base des parfums et des onguents dont se parent les corps des lutteurs et des belles dames ; elle sert à confectionner le saint chrême utilisé lors de plusieurs sacrements de l'Église catholique.

Les oliviers, si nombreux dans le paysage italien, racontent une longue histoire de fidélité et de reconnaissance entre l'homme et un arbre. Dans la Genèse, la colombe annonce la fin du déluge en apportant à Noé un rameau d'olivier, symbole de paix envoyé par Yahvé. Dans le souvenir de cette alliance et d'autres mythes fondateurs, des générations ont planté, greffé, taillé, biné religieusement cet arbre qui a besoin de l'homme. Après la Sainte-Catherine et parfois jusqu'au Carnaval*, des familles entières ou des saisonniers cueillent les olives sur les rameaux au feuillage argenté : on tend des filets, on dresse des échelles, on gaule, on peigne patiemment et l'on porte la récolte au moulin. Là, même si les techniques se sont modernisées, le principe reste le même : il faut séparer à froid les quatre composantes que sont les noyaux et la fibre, l'eau et l'huile – cette dernière représentant une proportion qui varie de 15 à 25 % du poids total, selon les variétés, les terroirs et les années.

Les vertus gastronomiques de l'huile d'olive ne sont plus à vanter. Pour la goûter dignement, rien ne vaut la *bruschetta* la plus simple. Au cœur de l'hiver, assis en bonne compagnie près de l'âtre d'une *fattoria* (ferme), faites griller au feu de bois une large tranche de pain toscan. Alors qu'elle est encore brûlante, frottez-la avec une gousse d'ail, saupoudrez-la de sel, puis arrosez-la généreusement d'huile *extra vergine* de l'année et croquez ! (→ *Bianco o rosso ?*, Fromage).

HUMANISME

La Renaissance*, qui voit le jour en Italie au XVe siècle, se caractérise par une place privilégiée accordée à l'homme : de la vision d'un monde *théocentré* au Moyen Âge, on passe à une conception *anthropocentrée*.

Le célèbre dessin de Léonard de Vinci, *l'Homme aux divines proportions*, conçu selon les théories de l'architecte latin Vitruve, résume bien l'idéal humaniste qui est à l'origine de la Renaissance. Pour son caractère emblématique, ce dessin a été choisi en 2002 pour figurer sur la face nationale de la pièce italienne d'un euro*. S'impose un homme parfait – figuré corps et esprit. Nu, il est représenté selon deux attitudes simultanément : les pieds joints et les bras tendus à l'horizontale et les jambes écartées et les bras tendus vers le haut. À ces deux positions correspondent deux figures géométriques – le carré et le cercle – au sein desquelles l'homme apparaît rayonnant. Le carré représente la finitude du monde d'ici-bas. Le cercle l'infinitude de l'au-delà. L'homme, aux divines proportions, est le *maître* et le *mètre* du monde. Revendiquant sa part de divinité, il entend dominer l'univers, comme le suggère son visage grave et pénétrant. Selon la formule du philosophe grec Protagoras (Ve siècle av. J.-C.), il est « la mesure de toute chose ».

I COME ITALIA

Pour épeler un nom, les Français ont recours à des prénoms : « A comme Anatole, B comme Berthe, C comme Célestine... ». Les Anglais suivent le même principe avec Alfred, Benjamin, Charles... L'alphabet phonétique de l'OTAN est bien connu : Alpha, Bravo, Charlie... Les Italiens ont recours à des noms de villes : Ancona, Bologna, Como...

Silvio Berlusconi – laissant de côté la ville d'Imola qui habituellement sert à indiquer la lettre « I » – a lancé en 1994, en direction de la jeunesse, une campagne en faveur de l'emploi basée sur trois « i » : *impresa*, *inglese e informatica* (entreprise, anglais et informatique). Ces termes résument la foi du *Cavaliere** dans l'initiative individuelle, l'ouverture à l'international et les technologies de pointe. Malheureusement, ses trois « i » ne sont pas parvenus à endiguer la montée du chômage. Peut-être n'a-t-il pas suffisamment misé sur le « i » d'*Italia* et d'*Italiani*.

Îles

L'Italie se compose de trois parties : le Nord* continental délimité par l'arc alpin, puis la Péninsule solidement structurée par les Apennins et enfin les îles.

On distingue deux grandes îles, la Sardaigne et la Sicile qui sont presque des continents, et des îles beaucoup plus petites souvent regroupées en archipels. Sans procéder à une visite guidée de chacune, quelques remarques permettront de les situer et de les caractériser.

La Sicile est la plus grande île de la Méditerranée et la plus peuplée. Avec plus de cinq millions d'habitants, on compte plus de Siciliens que de Norvégiens. Les trois kilomètres du détroit de Messine séparent la Sicile de la Péninsule italienne : la construction d'un pont devrait s'achever en 2017. L'Etna, qui se dresse au bord de la mer Ionienne, culmine à 3 330 mètres d'altitude. Toutes les grandes civilisations de la Méditerranée y ont laissé des témoignages de leur splendeur. Le symbole de la Sicile rappelle sa forme triangulaire : une tête de femme, ailée et coiffée d'un nœud de serpents, d'où rayonnent trois jambes fléchies comme saisies en pleine course.

Gravitent autour de la Sicile plusieurs archipels. Au nord-est, les îles Éoliennes – Vulcain, Lipari, Stromboli – offrent le spectacle d'un volcanisme en activité. Les îles Égades se disposent au large de l'extrémité occidentale de la Sicile. Au sud, on trouve Pantelleria puis Lampedusa qui reçoit régulièrement des immigrés clandestins venus sur des embarcations de fortune depuis la Tunisie et la Libye (→ Émigration/Immigration).

Aux deux extrémités du golfe de Naples, Capri d'une part, Ischia et Procida d'autre part rivalisent de charme.

Dans la mer Adriatique, les îles Tremiti ne se trouvent qu'à 12 milles nautiques au nord du Gargano, l'éperon de la botte italienne.

La Sardaigne est la deuxième île de la Méditerranée en superficie. Elle compte 1,6 million d'habitants. Son centre est montagneux : plateaux et sommets rocheux offrent un paysage austère et majestueux. Ses côtes variées, creusées de golfes où s'abritent des ports, sont également prolongées par des îles : au sud-ouest, l'archipel de Sulcis avec Sant'Antioco, Asinara au nord-ouest et l'archipel de la Maddalena qui touche les bouches de Bonifacio en direction de la Corse. La côte orientale de la Sardaigne, tournée vers l'Italie, ferme la mer Tyrrhénienne. La côte occidentale est ouverte sur le bassin supérieur de la Méditerranée en direction des Baléares et de l'Espagne : le dialecte d'Alghero a des accents de catalan. La Sardaigne, comme la Sicile, jouit d'un statut de région autonome. Son drapeau comporte une croix rouge sur fond blanc avec quatre têtes de maures dont les yeux étaient bandés jusqu'en 1999 : le bandeau ne couvre désormais que le front.

Entre la Corse et l'Italie, se trouve l'archipel toscan avec principalement l'île d'Elbe où fut exilé Napoléon. S'échelonnent d'autres petites îles comme Gorgone, Capraia, Pianosa, Montecristo. Sur les récifs de la plus méridionale, Giglio, s'est échoué le Costa Concordia le 16 janvier 2012.

-ISSIMO

Le superlatif sied à l'Italie et aux Italiens. La langue* italienne recèle des trésors en la matière. Pour qu'un superlatif soit absolu, un *assai* est un premier pas : *assai bello* signifie déjà « très beau ». Un stade supplémentaire est atteint avec *molto bello* qui dit nettement « très beau ». Mais il y a mieux encore : *bellissimo*. Le suffixe *-issimo* est magique : il suffit de l'ajouter à n'importe quel adjectif qualificatif et l'on atteint un degré d'excellence qui ne supporte pas la comparaison : *facilissimo* (très facile), *dolcissima* (très douce), *comodissimi* (très confortables), *amicissime* (très amies). Même des adjectifs au sens déjà absolu peuvent accéder à un registre encore plus élevé. On dit ainsi *l'ultimissimo concerto* (le tout dernier concert), *la ragione principalissima* (la raison toute principale). À la Renaissance*, pour s'attirer les faveurs d'un mécène, on écrivait *« Magnificentissimo e munificentissimo Signore »* (« Très magnifique et très munificent Seigneur »). Le redoublement de l'adjectif constitue une dernière manière, élégante et poétique, d'exprimer un superlatif. On demande gentiment *« Che fai sola sola ? »* (« Que fais-tu toute seule ? »). Une comptine dit *« È una notte scura scura di fantasmi e pipistrelli... »* (« C'est une nuit très noire de fantômes et de chauves-souris... »). Manzoni, dans *I Promessi Sposi* (« Les Fiancés », 1827), écrit *« Un'acquerugiola fine fine, cheta cheta, ugual uguale... »* (« Une bruine très fine, toute douce, parfaitement régulière... »).

JARDIN

Au cours des siècles, l'Italie tout entière a souvent été perçue par les étrangers comme un grand jardin. Pour les empereurs du Moyen Âge – souvent plus germaniques que romains –, l'Italie était le jardin de leur empire. Aujourd'hui, on se rend en Italie pour de multiples raisons, mais la promenade* dans tel ou tel jardin est un moment particulier, souvent de pur bonheur. Il existe précisément un jardin dit « à l'italienne » qui se distingue d'autres types de jardins. Le jardin à la française mise sur la symétrie, l'horizontalité et l'immensité des perspectives. La nature y est domptée selon une logique faite de grandeur et de beauté sublime. Le jardin à l'anglaise, qui apparaît à l'époque romantique*, joue avec la nature, pour l'imiter et l'exalter avec ses lacs*, ses bosquets, ses vallons et ses chemins qui serpentent. Le jardin à l'italienne est essentiellement baroque*. L'asymétrie l'emporte sur la symétrie selon une savante recherche entre équilibre et déséquilibre. Tout est fait pour que le promeneur se perde, pour que les amants* se retrouvent.

En Toscane, à Collodi, depuis la Villa Garzoni, on accède à un jardin labyrinthique, où la pente favorise le passage d'un univers à l'autre, en un savant désordre : des lauriers taillés et des alignements de cyprès ménagent des surprises ; des édicules de rocaille ruissellent de glycines ; puis des escaliers conduisent vers de nouvelles perspectives, inattendues, toujours abondamment fleuries. Le jardin de la Villa Carlotta à Tremezzo se déploie avec ses terrasses ourlées de balustrades : au gré de la déclivité, il s'échelonne jusqu'au rivage du lac de Côme. Des fontaines*, des cascades et des jeux d'eau, toujours plus surprenants, font des jardins de la Villa d'Este à Tivoli un spectacle unique. Le jardin à l'italienne est un théâtre qui ne ménage pas ses effets. Le jardin de Boboli à Florence est une succession de mises en scène avec ses grottes, ses essences rares, ses bassins, ses statues, ses allées qui rarement suivent la ligne droite.

Jours fériés

Attention, *giorni feriali* signifie « jours ouvrables », même si le mot *ferie* désigne les congés. « Jours fériés » se dit *giorni festivi*.

Les journées chômées sont relativement peu nombreuses en Italie – leur nombre ayant été progressivement réduit pour des raisons économiques.

En voici la liste : 1er janvier (jour de l'An/*Capodanno*), 6 janvier (Épiphanie/*Epifania* dite familièrement *Befana*), dimanche de Pâques *(Pasqua)*, lundi de Pâques (dit familièrement *Lunedì dell'angelo* ou *Pasquetta*), 25 avril (fête de la Libération/festa *della Liberazione*), 1er mai (fête du Travail/festa *del Lavoro*), 2 juin (fête de la République*/festa *della Repubblica*), 15 août (Assomption/*Assunta* dite familièrement *Ferragosto*), 1er novembre (Toussaint/*Ognissanti*), 8 décembre (Immaculée Conception/*Immacolata*), 25 décembre (Noël/*Natale*) et 26 décembre (saint Étienne/*santo Stefano*).

Chaque ville a sa fête patronale : Rome, 29 juin (saint Pierre et saint Paul/*santi Pietro e Paolo*) ; Milan, 7 décembre (saint Ambroise/*sant'Ambrogio*) ; Bologne, 4 octobre (saint Pétrone/*san Petronio*) ; Turin, Gênes et Florence, 24 juin (saint Jean-Baptiste/*san Giovanni Battista*) ; Naples, 19 septembre (saint Janvier/*san Gennaro*) ; Palerme, 15 août (sainte Rosalie/*santa Rosalia*)…

Lacs

Parmi ses richesses naturelles, l'Italie compte de nombreux lacs. Ils correspondent à trois configurations géologiques, selon qu'ils sont d'origine glaciaire, alluvionnaire ou volcanique.

Les lacs du Nord* sont les plus grands et les plus connus ; ils constituent à eux seuls une destination de voyage. Leurs rives abruptes, leur profondeur et leur étirement en longues vallées disent leur origine. Des glaciers ont creusé, depuis l'arc alpin, des passages encaissés entre les montagnes, poussant devant eux des moraines frontales destinées à devenir des barrages naturels à l'époque postglaciaire. Leur charme vient de l'échelonnement de paysages alpestres et méditerranéens : sur les rives, des jardins abritent une végétation digne de la Riviera, alors que les cimes enneigées se reflètent dans des eaux bleu acier. Le plus à l'ouest, le lac d'Orta, est l'un des plus petits mais aussi l'un des plus charmants avec l'île San Giulio qui émerge en son milieu. Le lac Majeur possède quant à lui les îles* Borromée : l'*Isola Bella*, un joyau baroque* ; l'*Isola de Pescatori*, plus familière ; l'*Isola Madre*, célèbre pour ses fleurs et ses plantes exotiques. Au bord du lac de Côme se succèdent somptueuses villas et villages accueillants. Sur les rives du lac d'Iseo, depuis plus de cent cinquante ans, la famille Riva fabrique des bateaux qui font rêver les amateurs de nautisme. Le plus vaste, le lac de Garde, à mi-chemin entre Milan et Venise, est le plus harmonieux avec la variété de ses côtes, basses au sud et abruptes au nord.

Au cœur de l'Italie centrale, le lac Trasimène est un lac de sédimentation : ses eaux remplissent une dépression alluvionnaire. Ses berges sont en partie marécageuses, comme l'a constaté à ses dépens le consul Flaminius et son armée pris au piège par Hannibal et ses troupes venus du nord (217 av. J.-C.).

Les lacs du Latium (le lac Bolsena, de Bracciano, d'Albano et de Nemi) et de Campanie (lac d'Averne) sont d'origine volcanique. De forme circulaire, ils remplissent le cratère d'un ancien volcan. Leurs eaux sont profondes. Ils constituent des réservoirs appréciables depuis l'Antiquité. L'empereur Trajan (53-117 apr. J.-C.) fit construire un aqueduc d'environ 30 km, depuis Bracciano jusqu'au Janicule à Rome, pour alimenter le Transtevere (→ Fontaines).

Langue italienne

La langue italienne ne s'est pas imposée par les armes. Elle n'est pas née d'une décision étatique sous l'autorité d'un monarque centralisateur. La langue italienne est apparue bien avant le *Risorgimento** et la proclamation du royaume d'Italie (1861). L'italien est le fait de bourgeois poètes qui, à la fin du XIIe siècle, abandonnent le latin au profit du dialecte toscan. Ce toscan devient sous leur plume une langue littéraire, cessant d'être un simple parler populaire. Parmi ces poètes se trouve Dante Alighieri qui, avec sa *Divine comédie*, donne définitivement à l'italien son statut de langue littéraire. À la génération suivante, Pétrarque préfère en humaniste la langue latine. Mais il réserve le toscan à son *Canzoniere (Chansonnier)*, un recueil de poésies d'amour retenu par la postérité comme son chef-d'œuvre. Ami de Pétrarque, Boccace écrit en prose son *Décaméron* dans ce même toscan enrichi de nouvelles qualités. Dante, Pétrarque et Boccace sont appelés les *Tre Corone* (Trois Couronnes), car ils inaugurent brillamment la littérature italienne et consacrent le toscan comme la langue de l'élite italienne, du nord au sud de la Péninsule, malgré le prestige que continue d'exercer le latin. Loin de Florence, les écrivains doivent apprendre cette langue purement littéraire. Le Lombard Alessandro Manzoni, au moment de publier la dernière version de *I Promessi Sposi (Les Fiancés)*, décide de *sciacquare i panni nell'Arno* (« laver son linge dans l'Arno »), évoquant ainsi son projet de séjour « linguistique » à Florence.

Outre cette origine littéraire et non politique, l'italien possède d'autres spécificités.

L'italien s'écrit comme il se prononce. Les petits Italiens, dès qu'ils savent écrire correctement, cessent de pratiquer l'exercice de la dictée, devenu inutile. Le risque de la faute d'orthographe n'existe pas.

Tous les mots se terminent par une voyelle. Les quelques mots qui finissent par une consonne sont d'origine étrangère (*camion*, *computer*, etc.). Cette voyelle finale est précieuse, car elle indique le genre et le nombre, voire la personne pour un verbe.

Presque tous les mots portent un accent tonique. Cet accent tombe rarement sur la voyelle finale (*virt**ù***, *possibilit**à***, etc.), mais le plus souvent sur l'avant-dernière syllabe (*ascolt**a**re*, *v**e**spa*, etc.) ou encore sur l'antépénultième (*din**a**mico*, *m**e**ttere*, etc.). L'accentuation de chaque mot, ajoutée à une juste alternance de consonnes et de voyelles, donne à la phrase son rythme et sa musicalité, sa ligne mélodique unique.

L'ensemble de la langue italienne est régi par une grammaire complexe mais rigoureuse. À titre d'exemple, la concordance des temps et des modes est presque toujours respectée, avec un subjonctif imparfait encore usité.

Au fil des siècles, l'italien a été préservé des attaques d'un usage parlé grâce à son statut de langue littéraire. C'est ainsi que la langue actuelle n'est pas très éloignée de celle de Dante. Ce privilège de langue protégée de l'usage commun se perd progressivement avec l'affaiblissement des dialectes* et la domination linguistique des médias où l'on parle un italien qui n'est pas toujours celui des poètes.

Madone

Le culte marial était – et est toujours – très vif en Italie. À Lourdes, le tiers des pèlerins est constitué par des Italiens. En Italie, on ne compte pas les sanctuaires dédiés à la *Madonna* – modestes édicules à la croisée des chemins ou basiliques monumentales. Le pèlerinage le plus important est celui de Notre-Dame de Lorette (Loreto) dans les Marches, où l'on vénère la *Santa Casa*, la maison de la Vierge Marie, qui aurait été transportée par les anges en 1294, depuis la Palestine jusque sur les côtes italiennes. Autre signe de cette dévotion : nombre de femmes portent, directement ou indirectement, le nom de la Vierge : Annunziata, Immacolata, Rosaria, Assunta, Concetta, Consolata, Perpetua – et bien sûr Maria, Marietta, Mariuccia, Mariella. Des hommes s'appellent Gianmaria, Francesco Maria, Anton Maria…

Dans les arts italiens, le culte rendu à la Vierge Marie a suscité de nombreux chefs-d'œuvre. On pense à l'*Annunziata (Vierge de l'Annonciation)* d'Antonello da Messina (1430-1479) ou à la *Madonna del cardellino (Vierge au chardonneret)* de Raphaël, au *Stabat Mater* de Pergolèse (Giovanni Battista Pergolesi, 1710-1736) ou à l'*Ave Maria* de Giuseppe Verdi.

Dans la vie quotidienne, la Vierge Marie est fréquemment invoquée avec plus ou moins de dévotion. *« Madonna ! »* peut être considéré comme une interjection exprimant simplement l'impatience. Le cri de colère *« Porca la Madonna ! »* – franchement vulgaire et sacrilège – témoigne, à sa manière et selon la logique des contraires, de la place importante accordée à Marie dans les consciences (→ *Mamma*).

MAFIA

Les origines du mot sont aussi mystérieuses que la réalité elle-même. Les thèses proposées sont multiples, ambiguës et insidieuses – à l'image de la pieuvre aux nombreux tentacules. Conscient de ce danger philologique, Leonardo Sciascia (1921-1989) dans une nouvelle de *Il mare color del vino (La Mer couleur de vin)* joue avec ironie sur cette étymologie en faisant dialoguer complaisamment à ce sujet deux mafieux.

Faire remonter aux Vêpres siciliennes (31 mars 1282) la naissance du mot est une manière de donner une dimension patriotique à l'organisation sicilienne : la mère de la jeune femme déshonorée ce jour-là par un occupant français aurait crié *« Ma ffia ! Ma ffia ! »* (« Ma fille ! Ma fille ! »). Son cri aurait été repris par les patriotes désireux de se venger *« Maffia ! Maffia ! »* – mais qu'ils entendaient comme *« Morte Alla Francia Italia Anela ! »* (« L'Italie souhaite ardemment la mort de la France ! »). Cela tient évidemment de la reconstruction historique : *se non è vero è ben trovato* (si ce n'est pas vrai, c'est bien trouvé).

Plus sérieusement, ont été envisagées pour *mafia* ou *maffia* plusieurs origines arabes possibles : *mohafat* (défendre), *hofuat* (la meilleure part), *mohafi* (ami sincère), *mahjas* (hardiesse)… Toutes ces pistes suggèrent noblesse de propos et de manières. Les expressions *Onorata società* (Société honorée/honorable) et *Cosa Nostra* (Ce qui est à nous) complètent une approche euphorique. Si l'on ajoute que *omertà* (loi du silence) viendrait de *homo* ou de *humus* renvoyant à des vertus comme l'humanité ou l'humilité, ou que *`Ndrangheta* (mafia calabraise) signifie « héroïsme et vertu », ou encore que le chef mafieux est appelé avec révérence *padrino* (parrain), on ne cesse de célébrer un monde aux nobles origines et aux pratiques vertueuses.

Chacun sait que la réalité est tout autre. Le simple rappel de la violence inouïe avec laquelle les juges antimafia Paolo Borsellino (1940-1992) et Giovanni Falcone (1939-1992) ont été assassinés, permet de condamner sans appel une organisation qui n'est autre que criminelle. Le commanditaire de ces deux meurtres,

Toto Riina (né en 1930), le chef d'une famille mafieuse de Corleone, a été capturé en 1993. On sait qu'il a tué personnellement une quarantaine de personnes. Il aurait ordonné plus de 1 000 exécutions. Il purge aujourd'hui une peine de prison à perpétuité.

MAMMA

Dans une société patriarcale, comme celle que connut l'Italie, la femme occupe une place subalterne – l'homme étant le seul habilité à représenter la famille en dehors de la maison. Cette place défavorisée est cependant compensée par la maternité qui donne à la femme un statut singulier. La *Mamma*, toujours dans le schéma ancestral, bénéficie de cette autorité, représentant un véritable contre-pouvoir, sans pour autant remettre en cause la logique patriarcale. C'est la *Mamma* elle-même qui éduque son fils aîné comme devant être le futur patriarche. La *Mamma* traditionnelle est la gardienne de la tradition (→ Madone).

Les Italiennes d'aujourd'hui, après des décennies de mouvements féministes, ont affirmé leurs droits vis-à-vis des hommes. Pour autant, le *mammismo* (culte de la mère) n'a pas disparu. Même si souvent elle n'a plus qu'un seul enfant, même si elle travaille, même si elle est indépendante, la mère italienne moderne reste la *Mamma* d'antan – exclusive, inquiète et en même temps révérée. Si la jeune mère est peu encline à endosser ce rôle de *Mamma*, la *Nonna* (grand-mère) est toute disposée à maintenir la tradition (→ Femmes célèbres, Natalité).

Le *mammismo* italien tel qu'il vient d'être évoqué correspond peut-être à un cliché, mais le cri du cœur des Italiens est bel et bien : « *Mamma mia !* »

Marbre

À la dureté du marbre est associée l'idée de combat. Le paysage farouche des carrières de Carrare laisse imaginer le travail gigantesque qui a été réalisé par les hommes au cours des siècles. L'âpreté du site – avec ses coulées blanches de débris, ses étagements de plateaux vertigineux, ses ponts jetés au-dessus du vide – est le résultat d'un labeur inouï. Les blocs, acheminés jusqu'au port le plus proche, la Marina di Carrara, sont toujours exportés par bateau. À la Renaissance*, ils arrivaient ensuite par voie fluviale jusqu'à Florence ou Rome. Michel-Ange tenait à choisir sur place le bloc qui pour lui contenait déjà la sculpture à venir. Selon les théories néoplatoniciennes dont le maître était nourri, l'Idée divine est en puissance dans la matière. Dès lors, la mission du sculpteur s'apparente à une libération, à un rite de passage vers la lumière. Malgré la lourdeur du combat qu'elle a nécessitée, l'œuvre nous apparaît dans sa perfection idéale, comme en témoignent la *Pietà* (1499) ou le *David* (1504). Mais la lutte acharnée ne conduit pas toujours au succès. Les *Esclaves* destinés au mausolée de Jules II (1443-1513) sont restés inachevés. Loin d'apparaître comme un échec, ces titans – se débattant pour se libérer de la matière brute ou s'abandonnant comme pour revenir à une vie antérieure – sont le symbole du duel tourmenté qui oppose la civilisation et la barbarie (→ Fresques, Mosaïques).

Mare nostrum

Comme beaucoup de peuples dominants, les Romains avaient conscience d'être le centre de l'univers. Ils ont œuvré pour qu'il en soit ainsi : *Omnes viae Romam ducunt* (Toutes les routes mènent à Rome). Leur domination s'est étendue tout autour d'une mer qu'ils ont symptomatiquement appelée *medi terra* (située au milieu des terres). Cette mer qui était devenue leur propriété, ils l'ont nommée orgueilleusement *mare nostrum*. Mussolini, qui caressait des rêves de thalassocratie italienne sur la Méditerranée, a repris l'expression (→ Fascisme).

Au-delà de la relativité de tout centralisme, la géographie de l'Italie lui donne une place particulière. Sa Péninsule marque le partage de la Méditerranée en deux bassins, le bassin oriental et le bassin occidental, la mer Adriatique étant ouverte sur l'Orient. Si l'Italie dessine une ligne de partage entre l'est et l'ouest, elle apparaît aussi comme un pont jeté entre l'Europe et l'Afrique. Seulement 140 km séparent le cap Feto au sud de la Sicile et le cap Bon au Nord de la Tunisie (→ Émigration/Immigration, Îles).

Tant que l'océan, au-delà des colonnes d'Hercule, restait une ligne d'horizon vide, l'Italie a bénéficié de cette centralité. Des républiques maritimes ont exploité cette situation. À la faveur des croisades, Amalfi, Pise, Gênes et Venise ont ouvert des voies maritimes et conquis des territoires, développant d'intenses échanges commerciaux avec le Levant. Au Moyen Âge et à la Renaissance*, les marchands italiens suivaient également des voies de terre en direction de la Champagne et des Flandres pour d'autres transactions avec le centre et le nord de l'Europe. La découverte d'un nouveau continent a déplacé l'axe du monde connu des Européens. Même si ce nouveau continent a été découvert par un Italien, le Génois Christophe Colomb (Cristoforo Colombo, 1451-1506), même si le nom d'un Italien, celui du Florentin Amerigo Vespucci

(1454-1512), lui a été donné, la découverte de l'Amérique – alliée à d'autre facteurs politiques – a marqué la fin de la centralité italienne.

Marionnettes

Même si elle a été américanisée en 1940 par les studios Disney, la marionnette la plus célèbre du monde est bien italienne. Elle est née en 1881. Elle porte le nom de *Pinocchio*, connu de tous les enfants. Le personnage est le fruit de l'imagination du Toscan Carlo Collodi (1826-1890) auteur de *Le avventure di Pinocchio. Storia di un burattino (Les Aventures de Pinocchio. Histoire d'un pantin)*. Pour comprendre ce chef-d'œuvre, il faut le replacer dans le contexte de l'Italie réunifiée et de l'instauration de l'école obligatoire. Bien qu'émaillé de toscanismes savoureux, le texte en langue* italienne se présente comme un livre de lecture destiné aux enfants du jeune royaume d'Italie. La morale mise en avant est laïque : aucune allusion n'y est faite à la religion. Les vertus célébrées sont celles de la bourgeoisie du temps : la sincérité, l'obéissance, l'instruction, le travail, la reconnaissance filiale. L'ensemble de la fable – la transformation à la fois progressive et chaotique d'un pantin de bois en un petit garçon – se veut un modèle d'éducation classique avec l'accession à l'humanité, acquise au prix d'épreuves souvent terribles. Telle est la première lecture, à laquelle on préfère évidemment une autre. La désobéissance du héros nous emmène vers des lieux fantastiques, à la rencontre de personnages hauts en couleur – comme Gepetto, un pauvre bougre en mal de paternité, la Fée bleue, marâtre parfaitement sadique, Mangiafuoco, le terrible montreur de marionnettes, les fieffés coquins que sont le Chat et le Renard et surtout Lucignolo, le roi de l'école buissonnière. L'errance, voire les errements de Pinocchio, font tout le sel de ce roman d'initiation, plus picaresque que moraliste.

L'épisode du théâtre* de Mangiafuoco, où Pinocchio s'invite, permet à Collodi de convoquer d'autres marionnettes, celles de la tradition sicilienne – les fameux *Pupi*, un art toujours vivant grâce à des familles de marionnettistes passionnés de Palerme, Catane ou Messine. Là encore, les aventures sont pittoresques, puisque c'est la geste des paladins de Charlemagne qui est exaltée : encore aujourd'hui, actes de bravoure, batailles, combats singuliers, traîtrises se succèdent bruyamment sur la scène pour le plaisir d'un public aussi fasciné que le fut Pinocchio.

MIRACLE ITALIEN

Ruinée par la politique autarcique du fascisme*, anéantie par la guerre, l'économie italienne se retrouve exsangue à la Libération. Mais, très vite, le pays connaît un réveil spectaculaire avec une croissance qui surprend les observateurs : on invente alors l'expression « Miracle italien » pour désigner une réalité qui se prolongera jusqu'en 1973, avec un boom record au cours des années 1959-1962. Aidée financièrement par les États-Unis dans le cadre du plan Marshall, l'Italie profite d'une conjoncture internationale favorable et s'appuie sur une main-d'œuvre à la fois bon marché et travailleuse. Faisant preuve d'un dynamisme étonnant, le pays en peu d'années rejoint les nations les plus développées de la planète.

Le paysage économique et social italien s'en trouve bouleversé. Les usines s'agrandissent surtout dans les grandes villes du Nord*. De leurs chaînes de montage sortent des cyclomoteurs, des automobiles, des chaussures, des vêtements, des électroménagers, des meubles, des objets en matière plastique, etc., destinés à l'exportation, mais aussi au marché intérieur (→ Vespa). Un flux migratoire interne – en tout plus de neuf millions de personnes – amène des méridionaux sans travail à s'établir dans le Nord pour profiter des opportunités du « Miracle ». Une nouvelle classe sociale entre de plain-pied dans la société de consommation. Acheter un réfrigérateur ou un lave-linge est le rêve de tout un chacun. Chaque quartier a son cinéma, mais la télévision commence à apparaître dans les foyers dès 1954. Les Fiat 500 filent en klaxonnant sur un réseau autoroutier très en avance sur son temps. Pour *Ferragosto* (la semaine du 15 août), on quitte les mégapoles industrieuses pour aller à la mer. Au bar de la plage, des disques en vinyle noir tournent dans le juke-box pour diffuser les chansons de l'été. Dans la vie quotidienne, tout est coloré : le noir du fascisme est déjà oublié (→ *Volare, cantare*).

Le « Miracle » trouve bien vite ses limites. Le Sud, malgré les investissements de la *Cassa per il Mezzogiorno* (Caisse pour le Midi), bénéficie de façon limitée des avancées économiques du reste du pays. Par ailleurs, le boom italien repose sur des données fragiles, notamment dans le domaine énergétique. Le premier choc pétrolier (1973) brise l'essor de l'Italie qui connaît alors les « Années* de plomb ».

Mode

Les Italiens aiment être à la mode. Le budget qu'ils consacrent à l'habillement, aux cosmétiques et aux bijoux est l'un des plus élevés du monde. L'Italie est un pays où l'apparence joue un rôle très important dans les rapports sociaux. Loin d'être assimilés à de la superficialité, les soins apportés à la coiffure et à l'habillement ont valeur de vertu sociale (→ *Dolce Vita*, Promenade).

Outre cet intérêt pour l'élégance comme art de vivre, les Italiens sont devenus des leaders en tant que concepteurs et producteurs de mode. Milan, rivalisant avec Paris, Londres, New York ou Tokyo, est la capitale de la mode italienne, particulièrement du prêt-à-porter. Pour s'en convaincre, il suffit de flâner dans le prestigieux *quadrilatero della moda* délimité par la via Manzoni, la via della Spiga, le corso Venezia et l'élégante via Montenapoleone. Les grandes griffes de l'habillement et de la joaillerie y ont leurs showrooms. Là plane l'esprit des plus grands créateurs de mode : Nino Cerruti (né en 1930), Valentino Garavani (né en 1932), Giorgio Armani (né en 1934), Nicola Trussardi (1942-1999), Gianfranco Ferré (1944-2007), Gianni Versace (1946-1997), Miuccia Prada (née en 1949), Franco Moschino (1950-1994), Domenico Dolce (né en 1958), Stefano Gabbana (né en 1962)... (→ Design).

Mondo piccolo

En 1948, lorsque Giovannino Guareschi publie son *Mondo Piccolo. Don Camillo (Le Petit Monde de Don Camillo)*, il ne s'imagine pas que son roman humoristique connaîtra un succès mondial, qu'il sera suivi d'autres livres donnant vie à une véritable saga, et que des adaptations cinématographiques viendront consacrer le phénomène « Don* Camillo ». Le petit monde évoqué, épisode après épisode, film après film, est celui d'un village de la basse vallée du Pô, où s'opposent les figures burlesques d'un curé de choc (Don Camillo) et d'un maire communiste tout aussi combattif (Peppone). Au cinéma, Don Camillo est joué par Fernandel (1903-1971) et Peppone par Gino Cervi (1901-1974).

Sur le mode de la caricature et de l'humour, le *mondo piccolo* est un microcosme qui reproduit le *mondo grande* – celui de l'Italie où s'affrontent à partir de la Libération la *Democrazia Cristiana* (DC, Démocratie chrétienne) et le *Partito Comunista Italiano* (PCI, Parti communiste italien). Cette confrontation est le reflet d'un monde encore plus grand, celui de la guerre froide entre les deux blocs dominés respectivement par les États-Unis et l'URSS.

Jusqu'à la dissolution des deux partis – 1989 pour le PCI et 1994 pour la DC –, le choc reste longtemps frontal. Dans les années qui suivent la guerre, les démocrates-chrétiens ont la majorité au Parlement – d'abord absolue mais bientôt relative. L'alliance avec les communistes – la deuxième force en présence – est impossible : c'est donc auprès d'autres partis plus petits que la DC doit se tourner pour constituer des gouvernements. Ces alliances fragiles expliquent l'instabilité politique de ces années. Dans le même temps, la frustration des communistes est grande avec des suffrages allant jusqu'à dépasser 30 % et toujours écartés du pouvoir. Lors des « Années* de plomb », la confrontation cesse au profit du *compromesso storico* (compromis historique, 1973-1980), qui voit les ennemis de toujours se mettre d'accord pour un objectif commun : sauver la démocratie face au terrorisme de gauche comme de droite.

Mosaïques

Les maisons patriciennes et les villas romaines les plus luxueuses possédaient des sols tapissés de mosaïques, que les archéologues ont pu mettre au jour. Le répertoire décoratif de ces mosaïques évolue depuis les motifs géométriques en noir et blanc du Ier siècle av. J.-C., jusqu'à l'apparition progressive de scènes figuratives encadrées dans des cartouches. Dans le même temps, la polychromie s'impose. À partir du IIe siècle, l'*emblema* occupe toute la partie centrale, les motifs géométriques se limitant à la bordure. Conservée à Naples et provenant de la maison pompéienne du Faune, la célèbre *Bataille d'Alexandre* étonne par sa force dramatique. Les sols de la villa romaine du Casale, près de Piazza Armerina en Sicile, offrent, de pièce en pièce, une succession de tableaux souvent immenses consacrés à des scènes mythologiques ou profanes, comme des fêtes religieuses, des chasses auxquelles participent les dieux et les hommes, des jeux du cirque, des danses, des étreintes amoureuses… Des fouilles archéologiques conduites dans plusieurs sites montrent que les mosaïques romaines, loin de s'en tenir au sol, gagnent les parois des nymphées, les voûtes et les plafonds des édifices.

La civilisation byzantine, directement héritière de la romanité, fait de la mosaïque un art privilégié, chargé d'une nouvelle mission : révéler le Christ Fils de Dieu, dont se réclame désormais l'Empire. L'empereur Justinien (483-565), dans son projet de reconquête de l'Occident, fait de la ville de Ravenne une métropole politique et religieuse. Poursuivant l'action du roi ostrogoth Théodoric Ier (v. 455-526), de nombreux sanctuaires reçoivent une décoration de mosaïques d'une beauté inouïe. Les tesselles dorées réfractent la lumière, symbole divin par excellence, et nimbent les images du Christ, de ses saints et même du couple impérial représentant de Dieu sur terre.

Les mosaïstes byzantins et leurs programmes iconographiques ne cessent d'impressionner l'Italie médiévale. En Sicile, à Rome, à Florence, à Pise, à Lucques, à Venise, des chefs-d'œuvre de cet art sacré apparaissent comme le fondement et les prémices de l'art italien. À la charnière des XIIIe et XIVe siècles, l'art de la fresque, plus souple, se substitue à celui de la mosaïque, devenu archaïque aux yeux des nouveaux maîtres (→ Marbre).

Natalité

Selon l'image traditionnelle de la famille italienne, on se figurait autrefois une *Mamma** forcément entourée d'une nombreuse progéniture. Depuis longtemps, la réalité est tout autre. Si en 1946 une Italienne avait en moyenne 3 enfants, aujourd'hui le taux de fécondité est de 1,42, après avoir connu son point le plus bas en 1998 avec 1,18. L'Italie a l'une des natalités les plus basses du monde. Tout un réseau de facteurs a joué : rejet de l'idéologie nataliste fasciste, développement du travail des femmes, déclin de l'audience de l'Église catholique, généralisation de la contraception, allongement des études, recherche du bien-être personnel, insuffisance des structures d'accueil et des aides aux familles, inquiétude quant à l'avenir économique… Les jeunes gens se marient moins et de plus en plus tard. L'image du *mammone* (fils à sa maman) qui reste chez ses parents, pour des raisons de confort mais aussi par nécessité économique, fait sourire mais correspond à un phénomène bien réel.

La population italienne subit les conséquences d'un tel déficit – un taux de fécondité de 2,1 étant nécessaire pour le renouvellement des générations. Après une croissance encore soutenue pendant les décennies qui suivent la Seconde Guerre mondiale, la population connaît une stagnation de 1981 à 2001, se stabilisant à 56 millions d'habitants. Au XXIe siècle, la croissance reprend surtout à la faveur de l'immigration*, pour atteindre 60 millions d'habitants, plaçant l'Italie au quatrième rang en Europe après l'Allemagne, la France et le Royaume-Uni.

Néoréalisme

Après vingt ans de fascisme* et de discours mensonger, le traumatisme de la guerre met les Italiens face à la réalité faite de violence et de misère. Au cinéma, comme en littérature, un réalisme nouveau s'impose, reprenant pour les actualiser les principes du naturalisme français et du vérisme italien. Est bien révolue l'époque du cinéma dit « des téléphones blancs », avec ses films d'évasion conçus à Cinecittà, le Hollywood de Mussolini.

Roma città aperta (Rome ville ouverte) est l'archétype du film néoréalisme tourné en 1945 par Roberto Rossellini (1906-1977) dans des conditions difficiles. On manque de tout et particulièrement de pellicule. À cette économie de moyens s'ajoute l'actualité encore brûlante du sujet : la vie d'un quartier ordinaire de Rome occupée par les Allemands et déchirée entre collaboration et résistance. Les décors ne sont pas fabriqués, les rôles secondaires sont joués par des inconnus. Même les acteurs professionnels – Anna Magnani (1908-1973) et Aldo Fabrizi (1905-1990) – adaptent leur jeu à cette logique de sincérité. L'humanité est évoquée dans sa collectivité avec ses jeux de trahison et de solidarité.

Une même choralité préside à la conception de *Ladri di biciclette* (*Le Voleur de bicyclettes*, 1945) de Vittorio De Sica. Sur un fond de chômage généralisé se nouent et se dénouent les espoirs et les échecs d'une famille soutenue ou trahie par la communauté.

Après une riche saison correspondant aux années de l'après-guerre, le néoréalisme donnera d'autres chefs-d'œuvre comme *La strada* (1954) de Federico Fellini ou *Rocco e i suoi fratelli* (*Rocco et ses frères*, 1960) de Luchino Visconti.

En littérature, Alberto Moravia (1907-1990) dans ses *Racconti romani* (*Nouvelles romaines*, 1954) donne la parole pour chaque nouvelle à un représentant du peuple – un chauffeur de taxi, un petit commerçant, un chômeur, un serveur de restaurant, etc. L'écrivain, oubliant sa condition d'intellectuel bourgeois, entend partager avec le lecteur l'existence d'un prolétaire saisie dans un moment de crise.

La désaffection pour le cinéma néoréaliste aura lieu dès la fin des années 1950, lorsque les Italiens ne se reconnaîtront plus dans un tel paupérisme – de surcroît en noir et blanc (→ Comédie à l'italienne, Miracle italien).

NORD/SUD

Le clivage entre le Nord et le Sud de l'Italie est une réalité objective mais aussi un cliché entretenu par les Italiens eux-mêmes – qu'ils soient de l'une et de l'autre partie du pays – relayés complaisamment par les médias étrangers.

L'inimitié est patente. Les gens du Nord traitent ceux du Sud de *cafoni* (péquenauds), de *terroni* (culs-terreux), stigmatisant une économie rurale supposée arriérée. Ceux du Sud leur répondent en les appelant *polentoni* (gros pleins de polenta), renvoyant en miroir le stéréotype du paysan grossier. Ceux du Nord pensent appartenir à l'*Alta Italia* et considèrent avec mépris la *Bassa Italia*. Les habitants du *Meridione* – se réclamant d'un art de vivre ensoleillé – regardent le *Settentrione* comme un lieu inhumain, froid, embrumé et pollué. Bien des Septentrionaux ne voient dans les Méridionaux que des mafieux, captateurs de subventions et de subsides divers, vivant au crochet du Nord qui seul travaille pour tout le reste de l'Italie. C'est dans cet esprit qu'a été fondée la *Lega Nord* (Ligue du Nord) en 1989 par Umberto Bossi (né en 1941) qui voit dans la capitale une *« Roma ladrona »* (« Rome la voleuse »), émanation politique d'un Sud profiteur. Force est de constater que l'inimitié va au-delà de la simple rhétorique.

Et pourtant, les étrangers qui visitent l'Italie du Nord au Sud et du Sud au Nord, sans nier les contrastes, trouvent matière à une unité de comportement, de culture, plus grande que ne le voudrait le discours ambiant. De nombreux Italiens ont fait le voyage de l'autre Italie et en sont revenus conquis. Le Turinois Carlo Levi (1902-1975), assigné à résidence en Basilicate par le pouvoir fasciste, a été profondément marqué par cette expérience humaine, comme en témoigne son livre *Cristo si è fermato a Eboli (Le Christ s'est arrêté à Eboli)*. Lors du « Miracle* italien » des années 1950-1960, de nombreux Méridionaux empruntent le train *La Freccia del Sud* pour rejoindre le Nord où ils trouvent du travail et où ils finissent par s'intégrer le plus souvent avec bonheur. Dans le même temps, la *Cassa per il Mezzogiorno* (Caisse pour le Midi, 1950-1984) facilite les investissements d'entreprises du Nord dans le Sud. Certaines de ces initiatives restent des *cattedrali nel deserto* (cathédrales dans le désert). D'autres interventions réussissent dès lors qu'elles respectent le tissu social et économique. Les exemples de liens tissés entre les deux extrémités du pays ne manquent pas. Les éditions palermitaines Sellerio, fondées modestement en 1969, jouissent aujourd'hui d'une diffusion nationale et internationale : les romans du Sicilien Andrea Camilleri (né en 1925), mettant en scène le commissaire Montalbano, sont disponibles jusque sur les aires de service des autoroutes du Nord ! Autre lien symbolique : le Sicilien Domenico Dolce et le Milanais Stefano Gabbana ont réuni leurs talents pour créer en 1985 la maison de mode* Dolce & Gabbana, mondialement connue. Dans la grisaille milanaise, la sensualité sicilienne reste leur principale source d'inspiration. Malheureusement, ces complémentarités Nord/Sud ne sont jamais assez évoquées pour gommer l'image d'une Italie divisée.

Palio

Au début du film *Quantum of Solace* (2008), le célèbre agent secret britannique James Bond débarque à l'improviste à Sienne le jour même où se court le *Palio*, la plus célèbre course hippique d'Italie. Frénétique, 007 court lui aussi, mais pas comme cavalier autour de la Piazza del Campo : on le suit sur les toits et les balcons, dans le dédale des rues ce jour-là désertes, dans les souterrains de la ville, sur un autocar lancé à toute vitesse, enfin dans les caves obscures du Palazzo Pubblico. Mais on ne le voit pas s'unir à la fièvre des spectateurs, enjamber les barrières, pénétrer sur la terre battue du champ de courses, se mêler à la folle cavalcade, monter en catastrophe sur un cheval *scosso* (qui a désarçonné son cavalier) et, pourquoi pas, gagner la course et remporter le *palio* (étendard) de la victoire… Le réalisateur, Marc Forster (né en 1969), aurait aimé ce deuxième scénario. Mais le *Consorzio per la tutela del Palio* (Organisme de tutelle du *Palio*) ne l'a pas autorisé à mêler la réalité de la fête populaire siennoise et la fiction hollywoodienne du film. Forster a dû se contenter de quelques vues du *Palio* prises le 16 août 2007 et de les utiliser comme un simple contre-point des cascades tournées à une autre date avec l'acteur Daniel Craig (né en 1968) ou sa doublure. Le cinéaste aurait même souhaité s'offrir un *Palio* sur mesure. Mais les autorités de Sienne ont été inflexibles. Le *Palio* ne se court pas pour la caméra et encore moins pour de l'argent. Il est l'une des rares manifestations historico-sportives à avoir résisté aux sirènes de la publicité et du sponsoring. Le *Palio* n'est pas une fête pour touristes. Ce n'est pas une mascarade. Depuis huit siècles, c'est la fête de tout un peuple qui s'exprime avec ferveur.

L'implication toute l'année des dix-sept *contrade* (quartiers), les préparatifs, les tractations préliminaires, les tirages au sort, la tension qui monte, les entraînements avec le cheval assigné par le hasard, le *fantino* (jockey), ce mercenaire dont il faut se méfier, le banquet propitiatoire, l'anxiété, les prières à la Madone* : tout dit l'importance de l'enjeu. Le grand jour venu, lors du défilé historique chaque *contrada* arbore son blason avec fierté : la *chiocciola* (escargot) n'est pas la *civetta* (chouette) ou l'*istrice* (porc-épic) ou encore le *bruco* (chenille)... Les *sbandieratori* (porte-drapeaux) rivalisent d'habileté. Lorsque le départ est donné et que les cavaliers s'élancent, les cœurs se serrent. Trois tours d'une violence inouïe. Des chevaux se heurtent, dérapent, tombent. Des cavaliers se frappent mutuellement. Profitant de la mêlée, au dernier tournant, un concurrent se détache soudain et, victorieux, passe la ligne d'arrivée. La foule hurle de joie ou de désespoir.

Pour les Siennois, le *Palio* ne se limite pas à un beau spectacle. Le *Palio* a le goût de la vraie vie. S'y mêlent l'habileté et la ruse, l'action et la passion, l'espoir et le hasard heureux ou malheureux... (→ *Calcio in costume*, Place).

Parler avec les mains

Les Italiens parlent avec les mains. C'est un fait culturel. Il ne s'agit pas d'une *gesticulation* arbitraire, mais d'une *gestuelle* précise et codifiée. En même temps qu'ils parlent, les Italiens soulignent, appuient, précisent leur propos grâce à des signes de la main – ou des deux mains. Un locuteur dispose de très nombreux gestes que l'on peut répertorier, comme on le fait avec les mots dans un dictionnaire. Leur usage suppose presque une grammaire, une syntaxe. Il n'est pas question d'inventer librement des gestes nouveaux. Tous ces signes sont conventionnels, c'est-à-dire le fruit d'une *convention*, d'un commun accord, d'un héritage transmis et collectivement reconnu et accepté. Les étrangers ne sont pas à même de tout comprendre. Ils doivent se garder de toute imitation.

Lors d'une discussion, tour à tour, les mains se tendent, parallèles ou opposées, s'ouvrent, les bras se replient, les coudes se détachent du corps, les paumes se tournent vers le haut ou vers le bas, le poing se serre, le pouce et l'index se rejoignent pendant que les autres doigts se déploient, tous les doigts interviennent tour à tour, la poitrine reçoit des coups, le visage est mis à contribution par la main qui s'approche de l'œil, touche l'oreille, pointe la joue. On dessine des figures géométriques dans le vide, on fait des moulinets, on intervient avec des à-coups inattendus, on gratifie son interlocuteur de saccades, de volutes… Tout ceci pour offrir une palette colorée et riche de nuances multiples : la surprise, l'accord, la réprobation, l'impatience, le doute, l'ironie, la joie, la conviction, la colère, la gourmandise, la moquerie, l'insulte, la tendresse… Le geste le plus connu est celui qui consiste à réunir tous les doigts de la main droite vers le haut en forme de pomme de pin et de secouer la main – bras replié – en direction de la poitrine. Ce signe accompagne le plus souvent une formule idiomatique du type *« Ma chi me lo fa fare ? »* (« Mais qui me fait faire une chose pareille ? »).

PÂTES

Les pâtes occupent comme chacun sait une place très importante dans l'alimentation italienne. Leur consommation est quotidienne. Même si les Italiens disent qu'ils en mangent moins que leurs parents, le spectacle du rayon qui leur est consacré dans un supermarché reste impressionnant. Les pâtes vont même jusqu'à symboliser les Italiens – pas toujours avec sympathie. En France, les immigrés venus de l'autre côté des Alpes étaient souvent traités avec mépris de « Macaronis* ». Les Américains d'Hollywood, se sentant concurrencés par les metteurs en scène italiens, inventèrent avec sarcasme l'expression « western spaghetti ».

Le mot italien *pasta* est singulier : il rappelle la fabrication de la pâte à partir de blé dur moulu en une fine semoule mélangée à de l'eau, pétrie, tréfilée ou façonnée, puis séchée. La *pasta* est cependant plurielle si l'on considère le nombre infini de formes. Les noms donnés aux différentes variétés sont imagés : *spaghetti* (petites ficelles), *capellini* (petits cheveux), *farfalle* (papillons), *nastrini* (petits paniers), *penne* (plumes), *lumache* (escargots), *corallini* (petits coraux), *fettuccine* (petites tranches), etc.

Même si la *pasta* est le plat national, chaque région a sa variété : la *fregola* est de Sardaigne, les *casarecce* sont de Sicile, les *spaghetti alla chitarra* des Abruzzes, les *orecchiette* des Pouilles, les *mafaldine* de Naples, les *linguine* de Gênes, les *trofie* de Ligurie, les *cannelloni* d'Émilie, etc.

Un rituel accompagne la préparation des pâtes pour un résultat qui est presque immanquablement un régal. Les pâtes doivent être cuites au dernier moment : elles ne supportent pas d'être réchauffées. Il faut donc s'assurer que tout le monde est prêt à passer à table pour le *primo* (premier plat). On jette les pâtes dans un grand volume d'eau bouillante. On sale. Au bout d'un nombre de minutes qui varie selon le type de pâtes, on goûte – éventuellement on fait goûter un convive expérimenté. Si les pâtes sont parfaitement *al dente* – c'est-à-dire cuites mais encore dures à cœur – on les égoutte. Préalablement ou pendant la cuisson, dans une poêle profonde, on a préparé un assaisonnement qui peut varier à l'infini – à base de courgettes, de petits pois, de sauge, de truffes, de poulpes, de crevettes, de lard, d'œuf, etc. Dans cette préparation qui doit être simple, on mélange les pâtes encore brûlantes. La conserve de *sugo* (sauce) faite à la maison, en saison, à base de tomates, d'ail, d'herbes aromatiques, d'huile* d'olive, de sel, de poivre, etc., peut toujours convenir. Attention, le parmesan râpé ne s'accorde pas avec toutes les recettes (→ Fromage).

Ensuite, c'est le moment de se régaler – en maîtrisant l'exercice périlleux qui consiste à porter à sa bouche ce *ben di Dio* (don de Dieu) à l'aide de la seule fourchette*.

Patrimoine mondial de l'humanité

Parmi les biens classés par l'Unesco comme relevant du Patrimoine mondial de l'humanité, on compte 47 sites en Italie, ce qui place le pays au premier rang, devant l'Espagne, la Chine et la France. Depuis la convention de 1972, l'institution s'est régulièrement tournée vers l'Italie, gisement inépuisable de richesses appartenant à la planète entière.

Sur la liste figurent surtout des biens à caractère culturel, comme les centres historiques de Rome, Sienne, San Gimignano, Naples, etc. Un certain nombre de sites relève aussi du patrimoine naturel, comme les îles* Éoliennes ou le massif des Dolomites. Souvent le culturel et le naturel se conjuguent : Venise a été classée avec sa lagune, Ferrare avec le delta du Pô. La côte Amalfitaine présente un ensemble de toute beauté où la nature – avec ses à-pic rocheux et sa mer d'azur – accueille les témoignages millénaires d'une brillante civilisation de marins intrépides, de marchands industrieux et d'artistes féconds.

Avec une inscription sur la liste de l'Unesco, au-delà de la reconnaissance honorifique, les retombées économiques sont substantielles – essentiellement du fait de l'afflux des visiteurs. Le classement peut ainsi changer un site. La cité toscane de Pienza, ville « idéale » imaginée par le pape Pie II (1405-1464), a vu ses ruelles, autrefois paisibles, se peupler de touristes et de commerçants vendant les spécialités gastronomiques locales.

Dans le même temps, des obligations, en termes de conservation et de valorisation, accompagnent la distinction. Un site peut ainsi courir le risque d'être déclassé : les fouilles de Pompéi ont été pointées du doigt par l'Unesco pour incurie. Heureusement, un accord a été trouvé en 2011 avec le gouvernement italien pour la sauvegarde du lieu (→ Sauvetages).

Le danger est parfois tout autre. En mai 2012, un tremblement de terre a dramatiquement endommagé trois sites classés : Mantoue, Modène et Ferrare. En septembre 1997, un séisme avait également touché Assise : même si des richesses ont été irrémédiablement perdues, la catastrophe a été suivie d'une campagne exemplaire de restauration. Il en sera certainement de même pour les villes d'Émilie. Les trésors endommagés dépourvus du label Unesco risquent cependant d'être oubliés, à moins qu'un mécène ne prenne l'initiative de la restauration – ce sera probablement un modeste collectif privé amoureux de son patrimoine local (→ Catastrophes naturelles).

PÈRES DE LA PATRIE

De Palerme à Milan, aux angles des immeubles, on lit régulièrement gravé dans le marbre* *Via Garibaldi*, *Viale Cavour*, *Corso Vittorio Emanuele II*, *Piazza Mazzini*… La toponymie des villes italiennes rend ainsi hommage aux quatre grandes figures du *Risorgimento** – appelées les « Pères de la Patrie ». Quatre personnalités que tout semble séparer, mais que réconcilie l'œuvre commune, la réunification de l'Italie.

Giuseppe Mazzini (1805-1872) est un patriote, un fervent républicain. Il participe à tous les combats insurrectionnels contre l'occupant, contre les pouvoirs réactionnaires qui s'opposent à l'avènement de l'Italie libre et libertaire dont il rêve. Son action connaît maints échecs. Hostile à la monarchie, il est condamné à plusieurs reprises et doit s'exiler – errance qui donne à son action et à sa pensée une dimension européenne et une étonnante modernité.

Giuseppe Garibaldi (1807-1882) est également un patriote révolutionnaire. Il est surnommé le « héros des deux mondes » du fait des actions militaires qu'il a menées en Amérique du Sud et en Europe. Son action diverge des positions de Mazzini dès lors qu'il reconnaît les Savoie comme vecteurs de l'Unité. En 1860, c'est au nom de Victor Emmanuel que Garibaldi conduit l'expédition des Mille à la tête de ses Chemises rouges, libérant la Sicile et le sud de la Péninsule du joug des Bourbons. Cependant, Victor Emmanuel et Cavour font tout pour limiter son action après en avoir retiré les bénéfices. Les coups de main, que le général entreprend ensuite, se soldent souvent par des échecs. La postérité ne retiendra que les victoires de l'intrépide patriote.

Camillo Benso, comte de Cavour (1810-1861), est le véritable artisan de l'Unité. Pragmatique, fidèle serviteur des Savoie, il s'oppose à la fois à Mazzini, qu'il considère comme un ennemi de la monarchie, et à Garibaldi dont il craint les menées potentiellement révolutionnaires. C'est un libéral modéré.

Victor Emmanuel II de Savoie (Vittorio Emanuele II di Savoia, 1820-1878), roi de Piémont-Sardaigne à partir de 1849, est devenu le premier roi d'Italie le 17 mars 1861. Il est considéré comme le Père de la Patrie par excellence. Le titre de *Re galantuomo* (Roi honnête homme) qui lui a été attribué donne de lui l'image d'un monarque éclairé. Les historiens ont été amenés à corriger cette vision idéale. Dans son entreprise unificatrice, le roi eut la sagesse de s'appuyer sur un ministre fidèle et habile, Cavour.

Symboliquement, les artères qui portent les noms de ces quatre figures du *Risorgimento* se croisent ou se séparent dans chacune des villes italiennes – certainement pour se rejoindre idéalement en un *Corso Italia*.

Pizza

La pizza, aux yeux des étrangers, est un plat national italien – au même titre que les pâtes*. Or, ils s'étonnent de ne pas trouver de *pizzeria* à chaque angle de ruelle à Venise, ignorant souvent qu'en réalité la pizza est essentiellement napolitaine : elle n'a connu un développement sur tout le territoire que sous la pression des touristes.

À l'origine, à Naples, la pizza était le plat des pauvres : avant de passer au four une galette de pain, les *lazzaroni* (miséreux) y plaçaient la maigre garniture dont ils disposaient : des tomates, de l'oignon, quelques olives... Les jours plus fastes, d'autres ingrédients s'ajoutaient, comme de la mozzarella ou des anchois.

La pizza des temps anciens n'avait rien d'aristocratique. Et pourtant, elle acquit ses lettres de noblesse lorsqu'en juin 1889 fut créée la *pizza Margherita*. Marguerite de Savoie (Margherita di Savoia, 1851-1926), l'épouse du deuxième roi d'Italie, Humbert Ier (Umberto I, 1844-1900), jouissait d'une grande popularité qu'elle cultivait à des fins politiques : elle participait à des tournées en Italie pour consolider l'autorité de la famille de Savoie, particulièrement dans le Sud* où le souvenir des Bourbon était encore vivace. À Naples, où elle venait d'arriver avec son royal époux, elle exprima le désir de manger une pizza – une excellente trouvaille de marketing politique en direction du petit peuple. Un *pizzaiolo* de renom, Raffaele Esposito, monta de son échoppe proche de la via Chiaia jusqu'au palais de Capodimonte. Dans les fours de la manufacture de porcelaine du château, il fit cuire une pizza à base de basilic, de mozzarella et de tomate, aux couleurs du drapeau tricolore* de l'Italie unifiée. Et il donna à cette pizza le nom de la reine Margherita. De populaire, la pizza devenait royale.

Place

Le motif de prédilection du peintre Giorgio De Chirico (1888-1978) a été une place italienne avec ses arcades et ses palais de couleur ocre – motif qu'il s'est plu à décliner particulièrement pendant sa période dite « métaphysique ». Le charme énigmatique de ces espaces vides, tout au plus peuplés de simulacres d'humanité tels que des mannequins ou des statues, ne rend pas compte de ce qu'est effectivement la place à l'italienne – tout sauf un lieu métaphysique.

La place principale d'une ville italienne, même la plus modeste, apparaît comme un salon à ciel ouvert, où les citoyens aiment à se retrouver. Un lieu vivant et bien réel. Les rues qui la rejoignent se font discrètes de sorte que l'idée de carrefour ouvert à tous les vents est absente au profit d'une atmosphère protectrice et conviviale. La place de la Seigneurie à Florence ou la place Navone à Rome n'ont rien des places rayonnantes de Paris ou d'autres capitales européennes. La place accueille la communauté urbaine et ses symboles. Souvent, les monuments emblématiques de la cité – la cathédrale et le palais communal – donnent sur une unique place (Massa Marittima, Pistoia). Dans d'autres villes, ce sont deux places contiguës (Bologne, Bergame, Venise) ou franchement détachées (Sienne, Florence) qui constituent les deux points névralgiques autour desquels s'organise la vie collective. La place est pour les Italiens le lieu de toutes les réunions : promenade* entre amis, dégustation d'un apéritif ou d'un *gelato** à la terrasse d'un café*, courses et jeux hérités de la tradition, retransmissions estivales d'émissions télévisées à succès, concerts tonitruants, représentations théâtrales, manifestations politiques enflammées, processions religieuses… (→ *Calcio in costume*, *Palio*).

La place finit par désigner le peuple lui-même et ses humeurs. En italien, on ne dit pas « descendre dans la rue », mais *« scendere in piazza »*. Plus abstraitement encore, on peut lire dans un journal « *Il governo cerca il consenso della piazza* » (« Le gouvernement cherche l'assentiment du peuple »).

POLITESSE (TROISIÈME PERSONNE DE)

Pour s'adresser à une autre personne, les Italiens disposent de trois façons de parler. Ils peuvent tutoyer *(dare del tu)*, vouvoyer *(dare del voi)* ou avoir recours à la troisième personne de politesse *(dare del Lei)*. Cette richesse peut dérouter les étrangers désireux de parler italien, de parler aux Italiens.

Pour les rassurer, disons tout de suite que le tutoiement gagne du terrain : on l'utilise toujours plus – dans des circonstances où une telle familiarité n'aurait pas été de mise il y a une vingtaine d'années. Il n'est pas exclu qu'une jeune institutrice et une mère d'élève se tutoient. Un couple tutoie la baby-sitter venue garder les enfants – ce qui ne surprend pas –, mais désormais la jeune fille fait de même avec ses employeurs d'un soir. La jeune vendeuse tutoie les clients de son âge – et son patron ne lui fait aucun reproche à ce sujet.

Quant au vouvoiement, il est tombé en désuétude, apparaissant comme une forme dépassée ou provinciale. On le trouve à l'écrit dans des textes désormais anciens, à l'oral dans des échanges en dialecte.

Reste la troisième personne de politesse, qui se maintient dans les rapports de courtoisie malgré sa complexité. Cette manière de parler à autrui relève en effet de l'aberration grammaticale : on s'adresse à la seigneurie d'une personne et non pas à la personne elle-même. Certes, l'expression *Vostra Signoria* n'est plus prononcée : les pronoms *Lei*, *La*, *Le* en tiennent lieu. Mais il reste que tout cela est d'un usage délicat, d'abord parce que ces pronoms sont féminins, même lorsque l'interlocuteur est un homme. Ensuite, cette troisième personne a des conséquences sur les verbes, sur les possessifs… Un détail qui n'est pas des moindres : l'impératif n'existant pas à la troisième personne, le subjonctif de souhait prend la relève.

Un exemple suivi d'une traduction strictement littérale peut donner une idée de cet usage : « – *Buon giorno, Signor Avvocato. Lei dovrà aspettare, perché il Suo cliente è in ritardo. Le consegno i documenti in proposito, così Lei subito potrà venire a conoscenza del caso. Mi dica se sia opportuno richiamare. In ogni modo La tengo informato.* » (« Bonjour, Maître. Elle devra attendre, parce que Son client est en retard. Je Lui remets les documents en référence, pour qu'Elle puisse prendre connaissance de l'affaire. Qu'Elle me dise s'il est opportun de rappeler. De toutes façons, je La tiens informé *[sic]* »).

L'origine de cette troisième personne de politesse est très ancienne – aussi ancienne que la reconnaissance de la *Signoria* de la part de vassaux. Elle a connu un développement tout particulier au XVIe siècle avec la domination espagnole, politique et religieuse, sur une grande partie de l'Italie – à la suite des guerres* d'Italie. Son usage a souvent été contesté pour sa lourdeur et son obséquiosité. Le fascisme* s'est lancé dans une véritable croisade pour la suppression de cet hispanisme, au nom de l'italianité. Après la guerre, l'Italie libérée et modernisée a paradoxalement renoué avec ce *Lei* si archaïque. Aujourd'hui, dans les rapports autres que la familiarité, la camaraderie ou l'intimité, la troisième personne de politesse s'impose – particulièrement, quand on doit s'adresser à un inconnu.

PROMENADE

À la belle saison, la promenade est une véritable institution. Outre le verbe *passeggiare*, la langue* italienne dispose de plusieurs expressions pour dire « se promener » : *fare una passeggiata*, *andare a passeggio*, *andare a spasso*, *fare un giro*, *andare a zonzo*… avec à chaque fois une nuance. La promenade est un art qui a ses variantes.

La promenade fait se rencontrer toutes les couches sociales et tous les âges de la vie. Chacun se prépare pour un tel rituel : on soigne coiffures, maquillage, vêtements, car tout doit concourir à la réussite de ce jeu du paraître (→ Mode). Seuls les touristes osent se montrer en shorts et sandales. Pendant la promenade, les enfants courent, les adolescents chahutent, les amis – hommes ou femmes – *vanno a braccetto* (vont bras dessus bras dessous). Lors d'une rencontre, on n'hésite pas à exprimer ses sentiments par des gestes et des exclamations (→ Parler avec les mains). Le contact physique n'est pas tabou, bien au contraire.

Quand on est jeune, on va, on vient tout au long du *corso*, sur le *lungomare* ou le *lungolago*, d'une place* à l'autre, jusqu'au jardin*. Quand on est plus âgé, on se contente d'aller et venir une seule fois : on s'arrête à la terrasse d'un café*, où l'on commande au *cameriere* un *Campari soda* ou une *granita al limone*, en bonne position pour voir la jeunesse qui va et qui vient (→ *Gelato*).

PUBLICITÉS

Pendant les vingt années du fascisme*, la publicité s'appelle surtout propagande. Au lendemain de la guerre, il n'est pas encore question de consommation, chacun cherchant à subvenir à ses besoins les plus élémentaires. La publicité fait son apparition avec l'avènement du « Miracle* italien » et de la société du bien-être. La télévision est bientôt le premier vecteur publicitaire avec son émission « Carosello » (« Manège »), diffusée par la RAI (Radiotelevisione Italiana) de 1957 à 1977. Tous les jours, de 20 h 50 à 21 h, se succèdent rapidement saynètes, dessins animés, interludes musicaux, etc., en l'honneur de tel ou tel produit de consommation. L'émission, arrivée à son déclin en 1977, reste très populaire : elle est regardée par 19 millions de téléspectateurs. Aujourd'hui, on se plaît encore à dire « *E dopo Carosello tutti a nanna* » (« Et après Carosello, tout le monde au lit ») à des enfants nés des décennies plus tard.

La campagne publicitaire qui a eu le plus grand retentissement au niveau mondial est italienne : elle s'intitule « United Colors of Benetton ». Elle est le fruit de la collaboration de l'industriel Luciano Benetton (né en 1935) et du photographe publicitaire Oliviero Toscani (né en 1942). Les premières publicités (1984) montrent des couples d'enfants de tous pays, de toutes les couleurs, affublés des vêtements de la firme de Trévise, eux aussi de toutes les couleurs. Est délivré, associé au propos commercial, un message de paix au-delà des différences. Riche de cette expérience, les deux compères lancent ensuite dans le monde entier des images beaucoup plus engagées et de ce fait provocantes et scandaleuses. Une femme noire, dont on ne voit que le buste, allaite un bébé blanc (1989). Deux mains, l'une noire, l'autre blanche, sont liées par des menottes (1989). Un adolescent habillé en prêtre embrasse sur la bouche une religieuse de son âge (1991). Un malade du sida agonise entouré de sa famille (1992). Le leader palestinien Mahmoud Abbas embrasse sur la bouche le Premier ministre israélien Benyamin Netanyahou (2011). Tous les thèmes sont abordés : le sexe, la maladie, la guerre, la faim, le terrorisme, la peine de mort. Les réactions sont souvent virulentes. L'incompréhension et l'enthousiasme alternent. Des procès sont intentés. Des prix sont décernés. Tout cela fait de la publicité (→ Mode).

QUATTROCENTO

Le mot est magique. Il renvoie au premier siècle d'une brillante Renaissance*, née en Italie et fondée sur un nouvel humanisme*. Mais il ne faut pas se tromper de siècle. *Il Quattrocento* (avec la majuscule et précédé de l'article défini singulier) est utilisé pour désigner le XVe siècle, c'est-à-dire les années qui vont de 1400 à 1499. La langue* italienne, pour indiquer les siècles du deuxième millénaire, a cette possibilité de se référer aux centaines. Ainsi, *il Seicento* est le XVIIe siècle, *il Novecento* le XXe. L'ordinal s'utilise également – comme en français ou en anglais. Mais quelle est la différence entre l'un et l'autre usage ? Si l'on parle du *XV secolo (quindicesimo secolo)* ou du *secolo XV (secolo quindicesimo)*, on reste neutre. Si l'on cite le *Quattrocento*, on renvoie aussitôt à la floraison culturelle de la première Renaissance. De même, *il XX secolo (il ventesimo secolo)* dit le siècle dernier sans évoquer nécessairement les productions littéraires, philosophiques, artistiques, etc., comme le fait aussitôt *il Novecento.*

Pour le XXIe siècle, on dit *il XXI secolo (il ventunesimo secolo)*. *Il Duemila* (avec la majuscule) existe pour dire le nouveau siècle en tant qu'entité culturelle. Mais, attention, *il duemila* (avec la minuscule), c'est l'an 2000 uniquement. C'est ce que précise le dictionnaire *Zingarelli* qui fait autorité.

RÉGIONS ET PROVINCES

Les entités administratives et politiques locales sont très vivantes dans les mentalités italiennes.

Le sentiment d'appartenir à une région est très vif : tout citoyen est fier d'être piémontais, toscan, sicilien, etc., avant même de se considérer comme un Italien. Il faut dire que les régions modernes ont pris la suite de réalités historiques très fortes. Par exemple, la Vénétie d'aujourd'hui correspond aux territoires que la *Serenissima Repubblica di Venezia* a conquis sur la terre ferme au fur et à mesure que ses implantations en Méditerranée orientale s'amenuisaient. Le découpage en régions rappelle et perpétue le morcellement de l'Italie préunitaire. On compte 20 régions. Quinze d'entre elles ont un statut normal : Piémont, Lombardie, Vénétie, Ligurie, Émilie-Romagne, Toscane, Marches, Ombrie, Latium, Abruzzes, Molise, Campanie, Pouilles, Basilicate et Calabre. Cinq autres régions sont autonomes et bénéficient d'un statut spécial en termes de pouvoir législatif et financier. Ce sont les deux grandes îles* – la Sicile et la Sardaigne – et trois territoires frontaliers du Nord* – le Val d'Aoste, le Trentin-Haut-Adige et le Frioul-Vénétie Julienne.

Les provinces ont aussi leur importance. Elles portent le nom de la ville qui est leur chef-lieu : Cuneo, Ferrara, Salerno, Lecce, etc. Une véritable révolution touche depuis peu cette réalité confortable qui donnait un statut de capitale locale à 110 cités. Depuis le 1er janvier 2013, leur nombre est passé de 86 à 51 dans les régions à statut ordinaire. Les régions autonomes seront amenées à décider, si elles le souhaitent, des réductions similaires. La raison de telles mesures drastiques est purement économique : l'Italie doit diminuer son train de vie politique pour contenir sa dette publique. Mais une telle logique ne va pas sans grincements de dents. En Toscane, Pise et Livourne, les rivales de toujours, se retrouvent réunies en une seule province. Au moment où le décret est passé, des mains anonymes ont ajouté sur le panneau indiquant *Pisa* l'humiliante précision *« Frazione di Livorno »* (« Lieudit de Livourne »).

RENAISSANCE

Les intellectuels, les mécènes, les poètes et les artistes du XVe siècle – et *a fortiori* du XVIe siècle – ont conscience d'une nouvelle naissance des arts et des lettres après des siècles, sinon de mort, du moins d'obscurité. La métaphore du retour à la lumière est souvent reprise par les contemporains pour signifier une redécouverte des valeurs de l'Antiquité, dont on croit qu'elles ont été progressivement oubliées par un âge intermédiaire – un Moyen Âge.

Florence, sous l'impulsion des Médicis – essentiellement Cosme l'Ancien (1389-1464) et son petit-fils Laurent le Magnifique –, devient une nouvelle Athènes. Dans la villa de Careggi se réunissent autour du philosophe néoplatonicien Marsile Ficin (Marsilio Ficino, 1433-1499) de beaux esprits comme l'humaniste Jean Pic de la Mirandole (Giovanni Pico della Mirandola, 1463-1494) ou le poète Ange Politien (Angelo Poliziano, 1454-1494). Dans ce docte cénacle sont invités des artistes : ainsi, Sandro Botticelli puis Michel-Ange insuffleront dans leurs chefs-d'œuvre les valeurs du mysticisme platonicien – avec un nouveau regard sur l'homme.

La notion d'humanisme* caractérise la Renaissance. L'homme est revalorisé dans sa réalité et son idéalité. Si l'art renaissant marque bien une reconquête du réel, de nouveaux canons magnifient ce réel.

À la fin du *Quattrocento**, Florence abandonne le leadership culturel qu'elle avait conquis lors de la première Renaissance, au profit d'autres centres, italiens ou étrangers, et particulièrement de la Rome pontificale qui retrouve ses prérogatives antiques. Les vies des trois grands maîtres que sont Léonard de Vinci, Raphaël et Michel-Ange suivent des itinéraires symptomatiques de ces déplacements. Léonard, né à Vinci, connaît une formation et un début de carrière à Florence. Il s'en éloigne bientôt pour se mettre sous la protection du duc de Milan Ludovic Sforza (1452-1508). À la fin de sa vie, il offrira ses services à François Ier, promoteur d'une Renaissance devenue française. Raphaël fait ses premières armes à Urbin et à Pérouse. Son établissement à Florence est essentiel à la maturation de son art. Mais, tout naturellement, la Ville Éternelle devient son séjour de prédilection : c'est là qu'il réalise ses chefs-d'œuvre. La longue vie de Michel-Ange, brillamment débutée dans la Florence médicéenne, dessine des allées et venues entre Florence et Rome, avant un établissement définitif dans la Rome pontificale.

Toute l'Europe profite tôt ou tard de la Renaissance italienne – avec des enjeux variés, *« con la qualità de' tempi »* (« selon la qualité des temps ») – l'expression est tirée du *Prince* de Machiavel.

RÉPUBLIQUE

Officiellement, l'Italie en tant que nation s'appelle *Repubblica Italiana*. À l'issue de la Seconde Guerre mondiale, en juin 1947, les Italiens ont été amenés à choisir par référendum un mode de constitution. Une majorité a opté pour la république : 12,7 millions de votants ont fait ce choix contre 10,7 millions en faveur de la monarchie.

La Constitution de la Première République italienne issue de ces élections garantit la séparation des pouvoirs législatif, exécutif et judiciaire, confiés respectivement au Parlement, au gouvernement et à la justice. Il s'agit d'un régime parlementaire bicaméral avec une Chambre des députés et un Sénat. Le Parlement est élu au suffrage universel direct.

Le président de la République est élu par le Parlement. Il joue un rôle symbolique d'arbitre suprême : garant de la constitution, il nomme le président du Conseil des ministres et les ministres eux-mêmes. Pour cela, il s'en tient strictement aux représentations parlementaires telles qu'elles sont issues des *elezioni politiche* (élections législatives) et des alliances entre partis qui s'ensuivent. Le président de la République peut dissoudre le Parlement et provoquer de nouvelles élections. Cette décision est prise lorsque le Parlement oppose au gouvernement sa *sfiducia* (motion de censure). Dans ce système, les partis ont une grande importance : on parle de *partitocrazia* (partitocratie). Les alliances, nouées puis rompues, peuvent faire et défaire les gouvernements.

L'expression « Deuxième République » apparaît en 1994 à l'issue de l'opération *Mani pulite* (Mains propres), menée par une équipe de magistrats, visant des personnalités de la politique, de la finance et de l'administration publique. *Mani pulite* révèle tout un système de corruption et de financement illicite des partis politiques appelé ironiquement *Tangentopoli* (« La cité des pots-de-vin »). Des partis historiques, comme la Démocratie chrétienne (DC) ou le Parti socialiste italien (PSI), sont contraints à la dissolution – d'où l'idée de l'avènement possible d'une Deuxième République.

En mai 2009, une réforme devant mettre en place la constitution effective d'une Deuxième République – avec plus de poids donné à l'exécutif et moins de pouvoir laissé au Parlement – est massivement rejetée par référendum. Les Italiens qui dénigrent volontiers leur personnel politique et qui critiquent leur constitution, restent tout compte fait très attachés au jeu, souvent complexe et changeant, des combinaisons et des alliances, sur lequel est fondée la vie de leur République.

RISORGIMENTO

Le mot *Risorgimento* signifie « Résurrection ». Il ne faut pas le confondre avec *Rinascimento* qui désigne la Renaissance*. Le *Risorgimento* est le processus politique et militaire qui, au cours du XIXe siècle, a amené à l'Unité italienne sous l'autorité d'un roi issu de la maison de Savoie.

L'Italie, selon le prince de Metternich (1773-1859), n'était qu'une « expression géographique » : la division en de nombreux États, pour la plupart soumis à des puissances étrangères, lui donnait raison. Différents mouvements patriotiques, parfois contradictoires dans leurs idées, se sont progressivement imposés, au prix de nombreuses luttes et de maints sacrifices.

Au-delà des espoirs de libération – bientôt déçus – suscités par les campagnes napoléoniennes, on distingue trois périodes. Avec la première guerre d'Indépendance (1848-1849), les soulèvements héroïques contre l'Autriche se soldent rapidement par un échec et un retour au *statu quo*. La deuxième guerre d'Indépendance (1859-1860) permet un début de réunification sous l'autorité de Victor Emmanuel II (1820-1878) – couronné roi d'Italie le 17 mars 1861. Après Turin, c'est au tour de Florence de devenir la capitale du nouveau royaume (1865-1871). De nouvelles batailles militaires et diplomatiques achèveront le processus unificateur avec l'annexion de Rome, le 20 septembre 1870 (→ *Fratelli d'Italia*, Tricolore, *Viva VERDI*).

Malgré les désillusions très vite apparues, le souvenir du *Risorgimento* est célébré par les autorités qui en sont issues. En 1911, cinquante ans après la proclamation du royaume, le *Vittoriano*, un époustouflant monument, au cœur de Rome, est dédié à Victor Emmanuel II, le premier des « Pères* de la Patrie ». Peu après, le fascisme*, dans son discours nationaliste, consolide le mythe fondateur du *Risorgimento*. La seconde moitié du XXe siècle montre moins d'enthousiasme pour une époque désormais éloignée : les élans du *Risorgimento* ne sont plus d'actualité. Mais les célébrations lancées en 2011 pour le 150e anniversaire créent la surprise : l'intérêt des Italiens est vif lors des cérémonies officielles ou à l'occasion d'autres initiatives, comme des expositions, des colloques et des publications de haut niveau.

RITALS, MACARONIS, *WOPS*

Les Italiens issus de l'immigration* sont souvent cités comme un modèle d'intégration réussie, en France comme dans d'autres pays où ils se sont établis. De nombreux exemples viennent corroborer cette réalité.

Lors de l'attaque terroriste contre les tours jumelles du World Trade Center, le 11 septembre 2001, le maire de New York, Rudy Giuliani (né en 1944), sut gérer la situation de manière exemplaire au point d'être appelé « le maire de l'Amérique » *(Time Magazine)*. Giuliani était pourtant issu d'un milieu d'Italo-Américains misérables et, à l'occasion, délinquants – des *Wops* comme on les appelait avec mépris.

En France, on ne compte pas les réussites sociales des immigrés italiens ou de leur descendance. Yves Montand (Ivo Livi, 1921-1991) est né en Toscane. Ses parents, fuyant le fascisme*, sont arrivés en 1923 à Marseille, où ils vécurent pauvrement avec leurs enfants. On sait la brillante carrière que Yves Montand fit bientôt dans la chanson et au cinéma, devenant un artiste parfaitement français, reconnu comme tel au plan international.

On pourrait rappeler d'autres destinées de Ritals qui ont brillé dans tel ou tel domaine – le plus souvent dans celui des arts. Lino Ventura (Angiolino Ventura, 1919-1987), Serge Reggiani (Sergio Reggiani, 1922-2004), le sculpteur César (César Baldaccini, 1921-1998), Pierre Cardin (Pietro Cardin, né en 1922) et bien d'autres – célèbres ou moins célèbres – ont appartenu à cette génération d'Italiens qui ont travaillé dur pour se faire une place dans la société française (→ Émigration/ Immigration).

Cependant, ce désir d'intégration se heurta souvent à la haine des Français de souche. L'italophobie fut parfois terrible – particulièrement dans les milieux populaires qui voyaient chez ces Macaronis des parasites, des voleurs venus manger le pain des Français. Le 19 août 1893, à Aigues-Mortes, fut perpétré un véritable massacre des immigrés italiens, lynchés par les ouvriers des salines. Au gré des crises, d'autres épisodes d'hostilité eurent lieu – comme après la déclaration de guerre à la France par Mussolini, le 10 juin 1940.

La souffrance et la fierté d'être fils d'Italiens, c'est François Cavanna (né en 1923) qui les a le mieux évoquées – avec la gouaille qu'on lui connaît – dans son livre *Les Ritals* (1978).

Romain, romanesque, romantique…

Si tous les chemins mènent à Rome, de très nombreux mots en proviennent. Le terme « romain » renvoie à l'Antiquité comme aux temps modernes : on parle d'un empereur romain ; on évoque aussi les affres de la circulation automobile* romaine. La Romagne est une région italienne dont le nom garde le souvenir de son allégeance à l'autorité romaine face aux Lombards. La Roumanie fut aussi une colonie de l'Empire romain : la langue roumaine est d'ailleurs une langue romane au même titre que l'italien, le français, l'espagnol ou le portugais. On ne pense pas nécessairement à la Ville Éternelle, quand on chante une romance ou quand on lit un roman, même si le ton en est romantique ou le récit romanesque. Tous ces termes littéraires ont en commun d'être liés à une langue romane issue du latin. Quant à l'art roman, à bien des égards il est l'héritier de l'art antique romain. En vieux français, « roumieux » était le nom donné à ceux qui avaient fait le pèlerinage de Rome. Le jeune Roméo, l'amant* malheureux de Juliette, porte un nom qui lui aussi fait référence à Rome. Mais, attention, il ne faut pas romaniser à tort : les Roms ne doivent pas leur nom à la Roumanie, mais à un terme hindi qui signifie « être humain » (→ *SPQR*).

Sauvetages

Les monuments les plus emblématiques du patrimoine artistique italien, malgré l'aura qui les entoure, n'en sont pas moins soumis aux lois du temps, aux aléas de la vie, avec la menace d'une destruction lente ou brutale. Mais, à titre préventif ou curatif, la technologie fait parfois des miracles.

Le prestigieux opéra vénitien La Fenice (Le Phénix) s'appelle ainsi, car, à sa fondation en 1792, il remplace déjà un théâtre* réduit en cendres. Détruit à son tour par les flammes, il est reconstruit en 1832. Le 29 janvier 1996, le théâtre est victime d'un nouvel incendie qui n'épargne que les murs. Après huit ans de travaux et une dépense de 60 millions d'euros, le temple de l'art lyrique retrouve son faste rouge et or le 12 novembre 2003 avec *La Traviata* de Giuseppe Verdi (→ *Viva VERDI*).

La tour de Pise – le campanile de la cathédrale – est célèbre dans le monde entier pour son inclinaison défiant les lois de la pesanteur. Or, cette qualité est un défaut – apparu dès la construction – qui la vouait à un effondrement inéluctable dans la mesure où cette inclinaison allait s'accentuant au fil des siècles. Fermée au public en 1990, la tour a bénéficié d'une cure très complexe. Des travaux ont été menés dans le sous-sol pour consolider son assise. Son fût, ceinturé de métal, a été soumis à des contrepoids de plomb pesant jusqu'à 900 tonnes. Aujourd'hui, la tour a retrouvé l'inclinaison qu'elle avait au XIXe siècle : elle dessine, par rapport à la verticale, un angle de 4° au lieu des 5,66° constatés au début des travaux. Son espérance de vie s'est accrue d'un siècle au moins.

Le projet qui doit sauver Venise des eaux porte le nom de Moïse, même si MOSE est prosaïquement l'acronyme de *MOdulo Sperimentale Elettromeccanico* (module expérimental électromécanique), le prototype d'une des premières vannes utilisées pour cette vaste entreprise. Les travaux sont en cours et devraient se terminer en 2014. Il s'agit de mettre en place en dessous du fond marin des digues rétractables susceptibles de fermer les trois portes de la lagune – celles du Lido, de Malamocco et de Chioggia. Cette mobilité des digues est prévue pour respecter en temps ordinaire le flux et le reflux des eaux, salutaires à la vie lagunaire, mais pour agir lorsqu'un phénomène d'*acqua alta* (hautes eaux) menace la cité des doges : des vérins entreront en action et feront monter des digues qui resteront en place le temps de la marée haute.

SPQR

Ces quatre lettres majuscules étaient le symbole de l'antique République romaine. On les voit encore aujourd'hui gravées dans le marbre* de certains monuments du forum. Elles sont l'abréviation de *Senatus PopulusQue Romanus* (Le Sénat et le peuple romain). La formule indique Rome dans sa complétude sociale et politique, réunissant en une même entité les patriciens et la plèbe. Le sigle a traversé les millénaires et continue à signifier « Rome ». Aujourd'hui, en marchant dans la Cité Éternelle, on pose les pieds sur des plaques d'égouts qui portent les fameuses lettres : la fierté d'être romain s'exprime en tout lieu de l'*Urbe*.

La morgue des Romains a souvent été moquée. SPQR est ainsi devenu *Stultus Populus Quaerit Romam* (Un peuple fou aime Rome). Umberto Bossi (né en 1941), le fondateur de la Ligue du Nord et antiromain, a repris à son compte la version bien connue *Sono Porci Questi Romani* (Ce sont des porcs ces Romains). Un autre ennemi des Romains, Obélix, dans la version italienne des *Aventures d'Astérix*, dit régulièrement *Sono Pazzi Questi Romani* (Ils sont fous ces Romains). Avec plus de détachement philosophique, Montaigne comprenait « Si Peu Que Rien » (→ Romain, romanesque, romantique...).

Théâtre

À l'affiche des plus grands théâtres comme des plus modestes figurent régulièrement les noms de trois grands dramaturges italiens, Carlo Goldoni, Luigi Pirandello (1867-1936) et Dario Fo.

Vénitien, Goldoni est connu comme le réformateur de la *Commedia* dell'arte* entrée en décadence. Aux prises avec des saltimbanques enfermés dans des usages sclérosés, il réussit à supprimer l'improvisation, enlever les masques, imposer un jeu plus naturel, fondé sur des intrigues et des dialogues empreints de vérité. Il est l'auteur de plus de 100 comédies*. Si son *Arlecchino servitore di due padroni (Arlequin serviteur de deux maîtres)* reste encore traditionnel, ses chefs-d'œuvre comme *La Locandiera (L'Aubergiste)*, *Gli Innamorati (Les Amoureux)*, *I Rusteghi (Les Rustres)* ou la trilogie de *La Villeggiatura (La Villégiature)* sont de brillantes comédies d'ambiance et d'intrigue, où les caractères valent surtout pour leur fonction scénique. Le théâtre de Goldoni, inspiré par l'esprit des Lumières, met en scène un monde choral où sont moqués les travers de la société – la part belle étant réservée aux femmes.

Pirandello lui aussi réforme le théâtre de son temps. Il part des schémas de la comédie bourgeoise, pour amener le spectateur à réfléchir sur la dislocation de l'être entre vérité et mensonge, dans une réalité toute relative où la communication entre les hommes est illusoire. Les titres de ses pièces parlent d'eux-mêmes : *Così è se vi pare (Chacun sa vérité)*, *Il gioco delle parti (Le Jeu des rôles)*, *Sei personaggi in cerca d'autore (Six personnages en quête d'auteur)*, *Questa sera si recita a soggetto (Ce soir on improvise)*, *Trovarsi (Se trouver)*. Pirandello reçoit le prix Nobel en 1934.

Dario Fo ne réforme pas, il révolutionne. Acteur, auteur et metteur en scène, il est un homme de théâtre complet. En collaboration avec son épouse Franca Rame (née en 1929), il donne vie à un théâtre délirant, à la fois grave et jubilatoire, où se mêlent improvisation, gestuelle provocatrice et déluge verbal. Le propos est militant, s'affichant anticapitaliste, anticlérical et plus généralement anticonformiste. Refusant les structures bourgeoises, en jongleur du peuple, il va jouer dans les usines. Parmi son œuvre foisonnante se détachent *Morte accidentale di un anarchico (Mort accidentelle d'un anarchiste)* et *Mistero buffo (Mystère bouffe)*. En dépit de sa foi anarchiste, il accepte plusieurs distinctions, dont le prix Nobel en 1997.

TRICOLORE (DRAPEAU)

Les Italiens pour désigner leur propre drapeau disent simplement *il tricolore*. Ils ont conscience qu'il a été conçu sur le modèle du drapeau tricolore français. En effet, au seuil du *Risorgimento**, la Révolution française fut une source d'espoir pour les patriotes italiens. Le drapeau tricolore – bleu, blanc, rouge – adopté en 1790 à Paris, fut reçu comme un symbole de Liberté, d'Égalité et de Fraternité valant aussi pour l'Italie indépendante en devenir. Ce signe de ralliement révolutionnaire traversa concrètement les Alpes avec les armées du général Bonaparte en qui les Italiens voyaient un libérateur. Même si leurs espoirs de libération par Napoléon furent déçus, le drapeau aux trois bandes fut conservé par l'Italie progressivement unifiée. Pour le distinguer de celui de la France, on changea très tôt la première bande : de bleue elle devint verte. Pourquoi le vert ? Napoléon aurait lui-même décidé ce changement

– le vert étant sa couleur préférée. On enseigne aux écoliers que le vert évoque les collines des Apennins, le blanc la neige des Alpes et le rouge le sang versé lors des trois guerres* d'Indépendance du XIXe siècle (→ *Fratelli d'Italia*).

VELINE

Les *veline* sont ces filles sexy qui, lors d'un show télévisé quotidien très populaire « Striscia la notizia » (« L'info s'insinue », Canale 5, 20 h 30-21 h), jouent un rôle de « figuration active » très apprécié du public. Leur nom vient des nouvelles qu'elles apportent aux présentateurs : dans le jargon journalistique, une *velina* était un communiqué de presse officiel à l'époque fasciste (imprimé sur papier *vélin*). À partir de l'actualité ainsi véhiculée, les deux présentateurs ou présentatrices proposent des commentaires comiques – « Striscia la notizia » fonctionnant comme un journal télévisé satyrique. Se succèdent des gags faciles et des reportages sur des sujets brûlants, ou tout simplement bouffons. Des intermèdes permettent aux *veline* en tenue de cabaret de danser sous une pluie de paillettes et de se contorsionner jusque sur le bureau des présentateurs. Ces filles – une blonde et une brune – règnent toute une saison après être sorties victorieuses d'une sélection mise en scène au sein même du show. Devenir *velina* est un rêve pour beaucoup de jeunes Italiennes prêtes à abandonner leurs études pour être admirées par des millions de spectateurs.

Les détracteurs de « Striscia la notizia » ont inventé le mot *velinismo*, pour dénoncer un système de marchandisation de la femme – même si le comique est censé proposer une lecture au deuxième degré.

Vespa

La Vespa est un mythe. Elle incarne la liberté, la légèreté et l'insouciance de l'après-guerre. Après vingt années de pompe mussolinienne, après les violences de la guerre, l'Italie veut oublier. Avec ses drôles de petites roues et sa carrosserie caractéristique, la Vespa est le symbole de cette *Dolce Vita** retrouvée. Elle est tout le contraire de la moto d'avant-guerre : on ne l'enfourche pas, on s'y assied ; on peut l'utiliser en costume de ville ; on n'hésite pas à inviter sur le siège arrière sa *ragazza* qui, montée en amazone, laissera flotter au vent sa jupe gonflante et la pointe de son fichu. Dans le film *Vacances romaines* (1953), la Vespa, devenue starlette, vole souvent la vedette à Audrey Hepburn (1929-1993).

Avant d'atteindre de tels sommets, la Vespa connut des débuts plutôt modestes. En 1946, alors que l'usine Piaggio était à l'état de ruines après les bombardements, l'ingénieur Corradino D'Ascanio eut l'idée de ce scooter uniquement du fait des circonstances : à partir de pièces jusqu'alors destinées à la fabrication d'avions de guerre, il réalisa ce deux-roues, afin de se déplacer aisément d'un point à un autre de l'usine. C'était là le prototype d'un véhicule qui allait se vendre à des millions d'exemplaires et qui devait être aussitôt imité par les concurrents.

Le nom qui lui fut donné joua grandement en faveur de son succès : *vespa* signifie « guêpe ». Aux yeux des acheteurs, sa silhouette fuselée et sa mobilité en firent facilement un être voltigeur et fantaisiste. Quand on inventa chez Piaggio la version utilitaire à trois roues, on l'appela tout naturellement *Ape*, c'est-à-dire « Abeille ».

Si la Vespa connut de nombreux adeptes, tous amoureux fous, elle dut subir les assauts d'adversaires acharnés. Le cardinal Siri (1906-1989), archevêque de Gênes, adressa du haut de sa chaire, de lourds reproches à cette « guêpe » dont l'usage portait atteinte aux bonnes mœurs. Plus tard, en 1968, les attaques vinrent d'ailleurs : la Vespa, objet par excellence de la société de consommation, devint le symbole à abattre pour les jeunes contestataires.

Bien que concurrencée par l'automobile*, et particulièrement par la Cinquecento, la Vespa, décennie après décennie, n'a cessé de redevenir à la mode*. Dans son film *Caro diario* (*Journal intime*, 1994), Nanni Moretti sillonne une Rome insolite, à la recherche de son moi inquiet, non sans la complicité d'une Vespa qui semble aussi fantasque que lui (→ *Fiat lux et facta est lux*).

VILLE

L'Italie est connue comme « le pays aux cent villes ». Même si l'expression semble emphatique, le nombre de cent est insuffisant pour un pays qui compte un nombre plus important de villes grandes ou petites. Le mot « village » ne convient pas au contexte italien où chaque bourg a des allures de ville. Dans le Centre et le Nord*, les communes bourgeoises indépendantes du Moyen Âge – même si leur autonomie a été limitée dans le temps – ont marqué pour toujours les mentalités (→ Guelfes et Gibelins). Sur la place* principale, le *municipio* (mairie) a des allures de palais du gouvernement – rôle qu'il a jadis joué. L'église est appelée *Duomo* (cathédrale) : son titulaire est un *Monsignore* et non pas un simple curé de campagne. Dans le Sud*, même dans les zones les plus rurales, l'habitat est également regroupé selon une logique urbaine. Pour des raisons défensives et sanitaires, les maisons se serrent sur un promontoire doté de sources d'eau douce et suffisamment escarpé pour résister aux assauts d'éventuels envahisseurs. Aujourd'hui, même si de nouvelles constructions apparaissent ici ou là dans la campagne, des espaces immenses restent vides de toute habitation. C'est le cas en Sardaigne ou en Sicile. Les paysans habitaient « en ville » et se rendaient à dos d'âne dans leur champ ou leur pâturage loin dans une plaine souvent fertile mais infestée par la malaria. Cet esprit citadin se perpétue et se manifeste dans l'habitat de la périphérie des petites villes. Au *villino* ou à la *villetta* (maison individuelle), on préfère le *palazzo* (immeuble) ou la *palazzina* (petit immeuble) pouvant abriter plusieurs familles souvent apparentées. La *Nonna* (grand-mère) habite au rez-de-chaussée. Ses enfants et petits-enfants vivent au-dessus. La promiscuité fait partie de la vie quotidienne. La solitude n'est pas italienne.

VIOLON

Avant même d'entendre le son sublime d'un violon, la simple vue de sa silhouette si parfaite est un régal. Tout en courbes et contre-courbes, le violon n'est pas sans rappeler la beauté d'un corps féminin. Le regard gourmand caresse les formes sinueuses, idéalement baroques, et s'attarde sur les reflets du bois verni chaud et chatoyant.

Qui a le bonheur d'entendre *Le Quattro Stagioni (Les Quatre Saisons)* d'Antonio Vivaldi (1678-1741), dans l'église de la Pietà à Venise, réalise plus que jamais la magie d'un tel instrument. Le violon soliste, dialoguant avec l'orchestre de chambre à cordes, donne à chacun des mouvements de ce quadruple concerto sa coloration propre. Le violon chante chaque saison, dit les frémissements joyeux du printemps, exulte devant les richesses de l'été, pénètre les mystères de l'automne et frissonne avec les rigueurs de l'hiver.

De Venise, il faut aller à Crémone, la patrie des plus grands luthiers, dont les seuls noms font rêver : Andrea Amati (v. 1505-1577), Andrea Guarnieri (1626-1698) et surtout Antonio Stradivari (1644-1737). On parle de l'âme d'un violon. Celle d'un stradivarius est recherchée par les plus grands interprètes qui, de génération en génération, lui redonnent le souffle de la vie (→ Adagio, allegro, piano, pianissimo, etc.).

Viva Verdi

Dans l'Italie du *Risorgimento**, la figure de Giuseppe Verdi s'impose comme celle d'un patriote qui a apporté une contribution décisive au processus d'indépendance et d'unité – essentiellement grâce à son art inspiré de compositeur d'opéras. Ses chefs-d'œuvre lyriques – particulièrement *Nabucco* (1842), *I Lombardi* (*Les Lombards*, 1843), *Ernani* (*Hernani*, 1844), *Giovanna d'Arco* (*Jeanne d'Arc*, 1845), *Attila* (1846), *La battaglia di Legnano* (*La Bataille de Legnano*, 1849), *Il Trovatore* (*Le Trouvère*, 1853), *I Vespri siciliani* (*Les Vêpres siciliennes*, 1855) – expriment son amour sincère de la patrie, son admiration pour les héros libertaires et sa profonde sympathie pour le peuple opprimé. Ses opéras, plus que développer ouvertement des thèses politiques, allient une grande force dramatique et un ardent souffle patriotique qui progressivement animent l'Italie tout entière. Le 9 mars 1842, à la Scala, lors de la création de *Nabucco*, le chœur des esclaves en exil à Babylone enflamme les Milanais sous domination autrichienne : ils se reconnaissent dans ces Hébreux opprimés, nostalgiques de leur patrie perdue : *« Va, pensiero sull'ali dorate, va, ti posa sui clivi, sui colli, ove olezzano tepide e molli l'aure dolci del suolo natal ! »* (« Va, pensée sur les ailes dorées, va, pose-toi sur les coteaux, sur les collines, où embaume tiède et tendre le doux air du sol natal ! »). À Rome, le 17 février 1859, à l'issue de la première représentation de *Un ballo in maschera (Un bal masqué)*, des patriotes enthousiastes écrivent sur les murs du Teatro Apollo *« Viva Verdi »*. Le graffiti n'est pas innocent. Au-delà de l'hommage au compositeur, la logique de l'acrostiche invite à comprendre *Viva Vittorio Emanuele Re d'Italia !* Il s'agit là d'un appel au roi du Piémont-Sardaigne pour qu'il porte à son terme le projet d'un nouveau royaume d'Italie (→ Pères de la Patrie).

VOLARE, CANTARE

Chacun d'entre nous garde dans un coin de sa mémoire une chanson italienne à la mélodie envoûtante et aux paroles empreintes de poésie simple, mêlant mélancolie, passion amoureuse et fantaisie. À chacun sa chanson et l'instant de bonheur auquel cet air est étroitement lié.

Sans vouloir rivaliser avec le grand Enrico Caruso (1873-1921), on se prend à fredonner l'une des chansons napolitaines les plus populaires, simplement en pensant au bon poisson grillé que l'on a dégusté un soir d'été dans la cité parthénopéenne – sur les quais du petit port de Santa Lucia : *« Sul mare luccica l'astro d'argento. Placida è l'onda. Prospero è il vento. Venite all'agile barchetta mia. Santa Lucia, Santa Lucia... »* (« Sur la mer scintille l'astre d'argent. Paisible est l'onde. Favorable est le vent. Venez jusqu'à mon agile petite barque. Santa Lucia, Santa Lucia… »). Une inoubliable chanson.

Dans un moment de grande exaltation, on entonne le succès mondial de Domenico Modugno (1928-1994) : *« Volare ho ho, cantare ho ho ho ho, nel blu dipinto di blu, felice di stare lassù. E volavo, volavo, felice, più in alto del sole, ed ancora più su, mentre il mondo pian piano spariva lontano laggiù. Una musica dolce suonava soltanto per me... »* (« Voler oh oh, chanter oh oh oh oh, dans le bleu peint en bleu, heureux de me trouver là-haut. Et je volais, je volais, heureux, plus haut que le soleil, et encore plus haut, tandis que le monde, tout doucement disparaissait au loin, tout en bas. Une douce musique jouait seulement pour moi. »).

La voix fragile et vibrante de Lucio Battisti (1943-1998) rappelle que le plus grand amour est fait de petits riens qui bouleversent une vie : *« Scusa è tardi e penso a te. Ti accompagno e penso a te. Non son stato divertente e penso a te. Sono al buio e penso a te. Chiudo gli occhi e penso a te. Io non dormo e penso a te... »* (« Pardon, il est tard et je pense à toi. Je t'accompagne et je pense à toi. Je n'ai pas été drôle et je pense à toi. Je suis dans le noir et je pense à toi. Je ferme les yeux et je pense à toi. Je ne dors pas et je pense à toi… ») (→ *Dolce Vita*).

Mis en pages et imprimé en France
par JOUVE
1, rue du Docteur Sauvé, 53100 Mayenne
septembre 2013 - N° 2116546H

JOUVE est titulaire du label imprim'vert®